時を稼ぐ男

新時代の時間とお金の法則

三崎優太

はじめに

お金持ちになるための第一歩は「行動を起こすこと」

「お金持ちになるには、元手やスキルが必要ですか？」

普段からこんな質問をよく受けます。

それに対する私の答えは、**「お金持ちになるだけなら、元手もスキルも必要ありません」**というものです。

貯金ゼロ、スキルゼロでも大丈夫。誰でもお金持ちになることができます。

もちろんそれなりのスキルがあれば、役に立つこともあるでしょう。しかし、それらがあるからといって、必ずしもお金持ちになれるわけではありません。

世の中には、豊富な経験を有し、高いスキルを持っている人たちがたくさんいます。元手やスキルに頼ってお金持ちになれるのなら、彼らは皆、お金持ちになっているはずです。ところが実際は、そうなっていないのです。

では、お金持ちになるためには、まずは何をすればいいのでしょう？

私がいつもお伝えしているのは、**「どんなことでもいいので、お金持ちになるために必要だと思うことをすぐに実践してみてください」**ということです。

お金持ちになろうと思ったら、とにかく「行動」を起こしましょう。


口先だけで「お金持ちになりたい」と言うばかりで、実際に何の行動も起こしていなければ、いつになってもお金持ちにはなれません。スタートラインにさえ立っていない状態で、どうやってお金持ちになれるのでしょうか。

「お金持ちになる」という未来を切り開いていくには、スタートラインに立ち、行動を起こすしか道はないのです。これがすべてにつながる第一歩になると思ってください。


本書ではお金持ちになるための「3つの成功法則」を柱としています。

ひとつめは「稼ぐためのモチベーション」です。

お金持ちになるためには「稼ぐ」という覚悟を決める必要があります。ビジネスを始めて右肩上がりに伸びていけばいいですが、うまくいかなかったりつまずくときもあるかもしれません。逆境に呑み込まれてしまってはそこで終わりです。そんなときにいかにモチベーションを保つか、いかに立ち上がるマインドを持てるかが大事です。

2つめは「お金の哲学」です。お金持ちになるにはお金を漫然と扱っていてはダメです。お金はあなたにとってどういうものなのか、幸せとお金はどうリンクしているのか。お金に対する哲学を持っていないと、ちょっと成功して小金をもったときに足元をすくわれてしまいます。

お金と真剣に向き合い、お金の哲学がしっかり確立されてこそ、本当のお金持ちになれるのです。

3つめは「タイムマネジメント」です。お金を稼ぎたいなら、「お金と時間」の関係性を無視してはいけません。私たちはともすれば「時間」というものの価値を軽く見てしまいがちです。**でもお金持ちは「時間の価値」を知っています。だから時間の使い方がうまいのです。**

本書ではこの3つの成功法則をベースとして、お金持ちになるために何をすべきか、具体的な提案をしていきます。

私自身が今日に至るまでにいかに失敗と挫折を繰り返し、そこから何を得たか、2019年に起きたあの逮捕劇からどうやって復活したのかについても赤裸々に告白しています。**私の失敗から学んでいただければ、みなさんはその分早く、スムーズにお金持ちへの道を進むことができるはずです。**

その他、稼ぐためのセルフプロデュース術、SNS戦略、自己投資術についても詳しく述べています。

また、CHAPTER4では起業して成功するための実践的な方法についてアドバイスしていくつもりです。

現時点で私の持っている「お金持ちになるためのノウハウ」を最大限に詰め込みました。

本書と巡り合った皆さんが、「幸せなお金持ち」への第一歩を踏み出していただければこんなにうれしいことはありません。

Contents

CHAPTER 3

「お金の哲学」なくして成功はあり得ない

CHAPTER 4

「常識」と「世間体」を捨てた人には笑えるほどの成功が降ってくる

CHAPTER 5

元手ゼロ、スキルゼロから成功できるビジネスの具体的提案

TIME IS MONEY

CHAPTER 1

ビジネスで成功するための「最強の武器」を手に入れる

起業するときに知っておくべき「最も大事なこと」

ビジネスは「市場」という領土の奪い合い

お金持ちになるために、起業して成功したいと考える人も多いと思います。

実際、私自身がお金に不自由しない生活を送れるようになったのも、起業をし、それを成功させたからでした。

そこで本章では、起業のためのアイデアと、それを成功させるための実践的な提案をしていきます。

起業をする際に私が最も重要だと思っていることがあります。それは**「ビジネスは市場という領土の奪い合い」**という考え方です。

ビジネスというのは、そこに参入しているプレーヤーたちが命がけで「領土」を奪い合う〝戦争〟であり、価値のある領土を手にすることで勝者になっていきます。

例えば、市場規模が「100億円」の業界があったとしましょう。その業界で起業しようと思ったら、「100億円」という「領土」を奪い合う戦争に参入すると考えてください。

参入後、ビジネスがうまくいき、「1億円」の売り上げを達成したとします。この場合、あなたの会社は「1%」の領土を獲得したということになります。

さらに業績を伸ばし、ついに100億円の売り上げを達成できたとしたら、それはあなたの会社がその業界の市場（領土）の完全独占を成し遂げたことを意味します。

もちろん、領土を100%独占するなんて、そう簡単にできるものではありません。ですが、少しずつでも自分の領土を広げていくことを目標にしてください。

私自身も自らの領土を少しでも広げるべく、「ヘルスケア」という市場の中で奮闘を続けてきたのです。少しずつですがそれがうまくいき、１００億円以上の売り上げを達成できるまでに会社を成長させることができました。

市場は領土。領土内の自分の占有率を高めていくことで成功への道が開けるのです。

持つべきは「競争優位性」

「市場という領土」は「業界の景気」によっても変化します。

先ほど、１００億円という市場規模での占有率の話をしました。この市場規模のサイズは、どの業界でも常に変動しています。

例えば、日本経済もしくは世界経済の景気がよくなれば、どの業界も好影響を受け、市場規模は膨らんでいきます。１００億円規模の市場が１２０億円規模に膨らめば、「20億円分の〝領土〟が増えた」ことになり、その業界に参入している企業には領土拡張のチャンスが訪れるのです。

しかし、景気はいつも右肩上がりとは限りません。不景気に陥り、１００億円あった市場規模が80億円に縮小すれば、業界全体の領土は自動的に減少します。

すると、狭くなった領土を巡って競争は激化し、参入企業によっては売り上げ減を覚悟しなくてはなりません。こうした状況に陥ると、会社の先行きに黄信号が灯る可能性も出てきます。

起業のチャンスを窺《うかが》っている人からすると、起業にたどり着くまでが最大の難関のように感じるかもしれません。しかし実際は、起業後に待ち受けている競合他社との「領土の奪い合い」のほうがとてつもなくハードです。

この競争に勝つには、ライバル企業と比較して、少しでも高い「競争優位性」を持たなければなりません。自分たちの会社が他社よりも優れていれば、必然的に相手の領土を奪い、「自社の市場占有率」を高めることができます。

一方、自社の競争優位性が低ければ、他社の餌食《えじき》となり、自社の領土は狭くなる一方でしょう。最悪の場合、倒産という形で競争からの撤退を余儀なくされます。

ビジネスをする際には、「相対的に見て、自分の会社に競争優位性があるだろうか」という点を徹底的に検証することが必要不可欠なのです。

「ちょっとした差別化」ができれば誰にでも勝機はある！

「競争優位性といっても、他社に比べて多少優れている程度でしかない」

「それほど大きな違いはないのだけど……」

こう不安になる人もいるかもしれません。

ここで述べているのは「絶対的な優位性」ではありません。絶対優位性を求めると、キリがなくなります。

自社の商品やサービスが他社より少しでも優れていれば、それでいい。ちょっとした差別化が重要なのです。

その違いがあれば消費者は自分たちの商品やサービスを選んでくれます。この点をしっかりと理解しておくことが、ビジネスの世界では大切です。

「競争優位性」を別の言葉で表現すると、少々物騒ですが「武器」です。この武器を磨き、それを手にして競合他社との領土の奪い合いに臨んでいきます。

また、複数の武器や、より性能のいい武器を手に入れることによっても、領土の奪い合いに勝つことができるはずです。

大切なのは徹底した「市場調査」

ではどうしたら「競争優位性」を高めることができるのか……。次はそれを考えてみましょう。

最も大切なことは徹底的な市場調査です。

新たなビジネスを始めるに当たっては、その業界にはどんなライバルがいて、彼らはどんな競争優位性を持っているのかを細かく調べ、それを一覧化していくところから始めます。

私が業界を席巻することに成功した「青汁」の例で言えば、まずは競合他社が販売している青汁の値段を一覧化し、さらには各社の青汁の成分をすべて調べ上げました。

次に、どこの工場で製造しているのか、広告にはどんなタレントを起用しているのか、プロモーションはどうやっているのか、どんな味にしているのかなど、いくつもの項目を用意し、すべてについて答えを求めていきました。

各項目について細かく検討したあとは、他社の青汁よりも総合的かつ相対的に競争優位性を保てるような商品を開発していったのです（具体的なことは次の項目を参照してください）。ここまで徹底して自分たちの武器を確立していった結果、大成功に至りました。

わかりやすくするために青汁の例を引き合いに出しましたが、この原則は青汁以外の商品やサービスで勝負する際にも変わりません。

起業やビジネスというと、難しいビジネス理論や経営哲学をしっかり学ぼうと努力する人もいるのではないでしょうか。でも、知識を身に付けたとしても、ビジネスで成功できるとは限りません。**ビジネス理論や経営哲学のような「知識」と、ビジネスにおける「実践知」はほぼ無関係と言っていいのです。**

他社に対して競争優位性を持つ——。

こうしたシンプルな考え方を金科玉条とし、それを実践し続けたほうが、より確実に結果を出せるはずです。

「後発組」が「先行者」を追い抜くための成功法則

「先行者利益の壁」を打ち崩す後発組のメリット

新たに起業をし、業界に新規参入する際には、規模や社歴、現預金残高の規模などの面で先行企業にはるかに及ばないところがあると思います。

後発組というのは、いつの時代も「先行者利益の壁」に苦しめられるものなのです。これに抗《あらが》おうとしたところで、どうなるものでもありません。

しかし、後発組には後発ならでは強みもあります。それを生かせば「先行者利益の壁」は必ず乗り越えられます。

例えば、後発組には、先行企業が提供している商品やサービスをじっくりと比較検討し、彼らがそれまでコツコツと築いてきたノウハウをごっそり見習えるという大きなメリットがあります。これを行った上で、プラスアルファの価値を加えれば、競争優位性を高められるはずです。

このアドバンテージを最大限に活かしつつ、先行組よりも優れたものを提供すれば、間違いなく先行者利益の壁を打ち崩せます。

私が「すっきりフルーツ青汁」を開発し、それを販売し始めたのは2014年のことでした。このときすでに青汁は健康食品として人々の間に浸透し、テレビCMも放映されているほど世の中になじんでいました。

そんな業界に、私の会社のような後発の中小零細企業が参入しても、並大抵のことでは勝てるわけがない……。

当初はそう考えていましたが、私はあきらめませんでした。

そこで、後発組としてのメリットを最大限に活かし、先行組にはない競争優位性を2つほど備えたのです。

まずひとつめは、おいしくて飲みやすい青汁を作ることでした。当時（そして、おそらく今でも）、青汁といえば、「マズい」というのが固定されたイメージになっていました。そのマズさを我慢して飲むから〝体に効く〟という概念があったのです。

そこで私は、そのイメージを覆すおいしい青汁を作り、競争優位性を高めようと考えました。

もちろん、苦くてマズい青汁が好みの人は、それまでと変わらないマズい青汁を選ぶでしょう。一方で、おいしい青汁を飲みたいという人たちもいるはずだと考えたのです。それまで青汁をずっと飲み続けていた私自身が、そもそもそう感じていたひとりでした。

「おいしい青汁」が備えていた競争優位性

「おいしい青汁を作ってみよう」

こう思ったとき、私はすぐに「これはイケるかもしれない！」と直感しました。なぜなら後発組のメリットを目いっぱい活用できると思ったからです。

先行企業にしてみれば、今になって味の変更を行うのは簡単ではありません。すでに従来の〝苦くてマズい〟青汁を販売しているため、それを急に変えてしまうと、それまでの青汁で満足していた顧客を失うおそれがあるからです。

私は先行企業のこうしたデメリットの裏をかき、〝甘くておいしい〟青汁の商品化に取り掛かると、それを「自分の武器」として「領土の奪い合い」に参入することにしました。

後発組が競争優位性を得るための「広告戦略」

もうひとつの競争優位性は、「広告」でした。

当時、青汁を販売している企業の広告は、テレビCMやチラシ、雑誌広告、新聞広告といった従来型のものが大半を占めていました。

後発組で、しかも中小零細企業だった私の会社がこれらの従来型の広告媒体に頼ろうとすれば、広告費はかさむ一方です。それが原因となり、経営が圧迫されることも予想できました。仮に広告を出したとしても、知名度の高い先行組の広告のなかに埋もれてしまう可能性が高く、いい結果が得られるとは思えなかったのです。

ここで勝負をしても、相手の武器にはまったく抵抗できず、一撃でひとたまりもなくやられてしまうだろう……。彼らの競争優位性に勝てないのは明らかでした。

そこで私は、先行組がどこも参入していない「インターネット」というフィールドで広告を展開することにしたのです。

2つの武器で年商130億円を叩き出す

当時、ネット上で青汁の広告を出している企業は1社もありませんでした。

今ではもう、青汁だけでなく、ありとあらゆる健康食品がネットを有力な広告の場としています。しかし2014年ころは、ネットで健康食品の宣伝をするという発想自体がまったくありませんでした。そこで、それまでになかったネット上での広告を行い、私の会社は2つめの競争優位性を手に入れたのです。

この2つの競争優位性を手にした結果、2017年、「すっきりフルーツ青汁」を市場に投入してからわずか3年で、私の会社は130億円の売り上げを達成するまで

成長していきます。

これら2つの優位性がないまま、ただ闇雲に青汁という巨大な領土に突撃していたら、間違いなく早い段階で撃退されていたでしょう。

「おいしい青汁」と「ネット上での広告」という2つの武器があったからこそ、後発組であるにもかかわらず、130億円という領土を獲得することができたのです。

将来的に起業をしたいと考えているのであれば、「競争優位性」にしっかりと着目し、後発ならではの戦略を立てるようにしてください。

「逆境」を「財産」に変える超メンタル術

TIME IS MONEY

CHAPTER 2

ボロボロになって上京するまでの日々

18歳で月商400万円……でも毎晩泣いていた

自社で開発した「すっきりフルーツ青汁」が大ヒット商品となり、販売開始からたったの3年で会社の年間売り上げが130億円に到達した時点で、起業家としてはまずまずの成功を収められたと思います。しかし、そこにたどり着くまでの道のりは、決して平たんなものではありませんでした。**10代後半から20代半ばころまでの私は、何度も失敗を繰り返し、挫折続きの人生を送っていたのです。**

私が初めて起業したのは、18歳のときでした。立ち上げた会社の主な業務は、携帯電話向けのアフィリエイト・サイトの運営です。

実際に起業すると、携帯電話の普及率の上昇に合わせ、収益は順調に伸びていきました。収入が安定して見込めるようになってからは、札幌市内の1LDKの新築マンションを家賃月8万5000円で借り、そこをオフィスにしてさらに仕事に力を入れます。その結果、月に400万円ほどの収益を上げられるまでに成長しました。

18歳で起業して、月商400万円――。これだけ聞くと、たいそう立派に思うかもしれません。しかし、見た目と実情の間には大きな隔たりがあったのも事実です。

実はこの時期、私の心の中は最悪の状態でした。仕事を終えて家に帰ってくると、すぐに感情のコントロールができなくなり、涙が止まらなくなる。こうなるともう歯止めが利かず、気が済むまでめそめそと泣くしかありません。そんな日々を何カ月も送っていたのです。

あのころ、どうして私は毎晩のように泣いていたのか……。正直、今でも明確な理由はわかりません。おそらく、不安で心細かったのだと思います。

18歳という若さで社長になり、それまで見たことのないようなお金を手にして、何が何だかわからなくなっていたのでしょう。

仮にこのとき周囲に相談できるような人がいれば、ここまで不安定な精神状態にはならなかったはずです。しかし、私にはそういう人がいませんでした。

同級生たちと私の間に生じた「温度差」

毎晩のように涙を流す生活を送る一方で、ビジネスは着実に伸びていきました。

あるとき私は、学校の同級生たちにアフィリエイト・サイトの運営ノウハウを教える見返りに、稼いだ収益を折半するという方法を思いつき、それを実行に移します。するとは売り上げはさらに伸びていきました。

私はこのとき、生まれて初めて人を雇うという経験をし、その後、人を雇うことの難しさを痛感させられるのです。

当時、私の会社では3人の同級生たちが働いていました。収益を折半するという約束に従い、平均すると月に40万円ほどの報酬を彼らに支払っていたと思います。今振り返ってみても、18、19歳の若者にとって月40万円の収入源は決して悪いものではなかったはずです。

ところが、一緒に働いていた同級生たちの心は徐々に私から離れていき、仕事を始めて4カ月ほど経ったころには、修復できないくらいの大きな溝ができてしまいます。

その理由は、お互いの間に生じた「温度差」でした。

当時の私は、「確実に儲《もう》けられる手段があるんだから、稼げるうちに稼ぎたい」という強い考えを持っていました。その考えに従って、同級生たちを雇い、収益をさらに増やそうとしていたのです。

私の誘いに応じてくれた同級生たちは、最初のうちは誰もが「三崎君ありがとう！」と言い、私に感謝していました。ところが、一緒に働くようになって3カ月ほど経過したあたりから、徐々に彼らの働きぶりが鈍くなっていったのです。

彼らが稼いでくれないと、収益は増えていきません。そこで私は、彼らに収益が伸び悩んでいる理由を問いただしました。すると、次のような答えが返ってきたのです。

「彼女と遊ぶ時間が欲しいから……」

「ちょっと他の用事があって、作業ができなかったんだよ」

結局のところ、彼らにとって「収益を上げる」ということは最優先にすべき事項ではなかったのです。

私が彼らに教えたノウハウは、特に難しいものではありませんでした。そもそもアフィリエイト・サイトの運営は、一度やり方を覚えてしまえば、あとは1人で黙々と作業を行うだけです。オフィスに毎日出社する必要もなく、パソコンがあれば自宅でいくらでも仕事ができます。時間さえかければ確実に稼げるので、「お金を稼ぎたい」という気持ちがある人にとっては、願ってもない仕事だと言っていいでしょう。

ところが私が雇った同級生たちの感覚は違っていました。結論から言うと、彼らはまだ二十歳《はたち》前の遊びたい盛りの若者だったのです。社会経験もなければ、お金を稼ぐことの大切さもわかっていませんでした。そのため、せっかく手にした仕事を脇に追いやり、遊びのほうを優先させていたのです。

"人を使う"ことの難しさ

18歳になったばかりの私には、当然ながら、自分の会社で雇った同級生たちのやる気を引き出したり、指導したりするスキルなどありませんでした。

彼らの顔色を窺いながら下手に出て、「ちゃんとやってよ！」と作業の進行を促すのが関の山です。しかし、そんな言葉を投げ掛けたところで、状況は一向に変わりませんでした。

「こんなに稼げるチャンスは今しかないかもしれないんだよ！」

思い通りにならない状況にイライラするにつれて、私の物言いはやたらと押し付けがましく、独善的になっていきます。

それが続くと、同級生たちの態度は硬化していき、明らかに私の存在を煙たがるようになっていきました。しまいには私に対して陰口を叩き始め、こちらが連絡をしても応答しなくなったのです。

そして最終的に彼らは私の元から去ってしまいました。こうして私は、〝人を使う〟ことに失敗します。

起業を成功させようと思い、前向きに頑張っていたつもりですが、どうやら私は1人で空回りしていたようです。

(自分がやろうとしているビジネスをわかってくれて、応援してくれる人はいないんだな……)

心を打ち砕かれたような気持ちになった私は、それからしばらくの間、深く落ち込んでしまいました。

診断結果は「適応障害」

当時のことを振り返ると、「自分は何もわかっていなかったんだな」と思います。

人にはそれぞれの考え方があり、「自分のビジネスをわかってほしい」「応援してほしい」といくら私が願ったところで、相手が素直にそれに応えてくれるとは限らないのです。

しかし当時の私にはそれがわかっていませんでした。

同級生たちが去っていったあとは孤独に苛《さいな》まれるようになり、地獄のような日々が始まります。

夜になると、私はやっぱり泣いていました。しかも子どものように「えーん、えーん」と声を上げて泣くのですから、かなりの重症です。それだけならまだしも、泣きながら女の子の友だちに電話をし、めそめそしながら話を聞いてもらったりしていました。あのころの思い出は、私にとって黒歴史でしかありません。

いくら泣いても、状態は悪化するばかり。1人で立ち直るのは無理だと考えた私は、心療内科を受診します。

すると、「適応障害」であることがわかりました。

医師によれば、私は社長という立場に適応できておらず、それが心の不安定を引き起こしているとのことでした。

こんな心のストレスを抱えながら、私は毎日毎日パソコンに向かい、絶望感に苛まれながら仕事をしていました。その間も収益のほうは伸びていきます。増えていく一方の月々の振込額を目の当たりにしながら、「毎月使い切れないくらいのお金を稼げているのに、どうして自分は不幸せなんだろう」と、私は考え続けていくことになるのです。

「ピンチ」があるから成長できる

「唯一の心の支え」を失い、逃げるように上京

診察を受けてからも、相変わらず不安定な時期が続きました。この状況を変えたいと考えた私は、東京で広告代理店を経営する社長から声を掛けてもらったこともあり、生まれ育った北海道を後にして上京する決心をします。

しかし、上京を決めた直接の理由は、実は別のところにあったのです。

精神的に落ち込んでいたこの当時、私には唯一の心の支えといえる彼女がいました。彼女との別れが、上京を決心させた真の理由でした。

その年の冬、私たちは付き合って最初のクリスマスを迎えようとしていました。かなり前からクリスマスイブを一緒に過ごす計画を立てていたにもかかわらず、ちょうどその日、仕事でトラブルが発生してしまい、約束の時間になっても処理が終わりませんでした。

彼女は自分の理解者であり、私のことを好きだと思い込んでいたため、理由があればデートの約束を果たせなくても許してもらえるだろうと私は考えていました。それを疑わずに電話をし、「せっかく約束をしていたのに、時間に間に合いそうにない」と彼女に伝えます。

するとこちらの予想に反し、彼女は猛烈に怒り始めたのです。

彼女のことをずっと良き理解者だと思ってきた私は、彼女が電話口で怒っているのを知り、うろたえました。また、私の中には**「お金を稼ぐための仕事を何よりも優先させる」**という強い意識があったため、私を許そうとしない彼女に幻滅してしまったのです。

しばらく電話で話したあと、彼女は私にこう尋ねました。

「お金と私、どっちが大事なの？」

私の口から出てきた答えは、「お金」でした。するとすぐに電話が切れたのです。

翌日、私は改めて話をしようと思い、彼女に電話を掛けました。ところが着信拒否にされており、彼女とはそれっきりになってしまいました。

今となっては、もう少し言い方を考えればよかったなとも思います。しかし、当時まだ18歳だった私には、相手の気持ちをしっかりと考えて、傷つけないように説得するだけの度量はありませんでした。

こうして私は、唯一の心の支えだった彼女を失い、さらなる絶望の淵へと追い込まれていくのです。


このときすでに、私は広告代理店の社長から上京をすすめられていました。しかし、生まれ育った北海道を離れる不安と、彼女の存在が重なって、返事を保留していたのです。そんなときに「彼女にフラれる」という事態に遭遇した私は、もはや北海道に自分の居場所はないと感じ、半ばやけくそになって上京を決めました。

その後の行動は実に素早いものでした。フラれた翌週には都内に赴き、手早く住む家の契約を済ませると、年が明けた翌1月にはすでに引っ越していました。

このとおり、私の上京は、会社を大きくしたいとか、東京で一旗揚げたいとか、そういった理由から決めたものではありません。**彼女にフラれ、札幌に居場所がなくなり、やけくそになって東京に出てきたのです。**理由としては、実に情けないものでした。

「人生最大のピンチ」が私に与えてくれたもの

半ば逃げ場を探すような形での上京でしたが、結果的にはこの決断が私の人生を大きく変える転機となります。

「ピンチはチャンス」という言い古されたフレーズがありますが、東京に出てきて事業で成功を収めていく中で、私はこの言葉の正しさをひしひしと実感することになりました。

同級生に背を向けられ、彼女にフラれる……。18歳の若者にとって、まさに〝人生最大のピンチ〟に追い込まれ、私は上京するという選択をしました。

あのときピンチに追い込まれていなかったら、もしかしたら上京していなかったかもしれません。上京していなければ、東京での様々な人たちとの出会いも、その後のビジネスでの成功もなかったでしょう。それを考えると、上京は私にとって人生の大きなターニングポイントだったのです。

金は稼げどトラブル続き……

仲間の裏切り

東京に出てきたからといって、すべてがバラ色だったわけではありません。実際のところは、その後も様々なトラブルに巻き込まれていきます。

上京後もアフィリエイト・サイトの運営が私の仕事でした。

これと並行して、ガラケー向けに月額315円の公式ケータイサイトの運営を始めました。主にゲームや占いに関連する情報提供サイトを50サイトほど作り、これらを提供することで、アフィリエイト・サイトから得られる額を上回るほどの収益を得られたのです。

これらの2つを軸として収益を上げていると、私に嫌がらせをしようとでも思ったのか、競合他社もしくは個人が柄の悪い、いかつい人物を送り込んできたこともあります。その人物は、どこで住所を調べたのか、いきなり私の会社にやってくると、恐喝まがいの乱暴な言葉遣いで私を精神的に追い込もうとしました。

今はどうか知りませんが、当時は、ネットを活用して大金を稼ぐようになった若者を標的にした嫌がらせが横行していたのです。


あるときは、信用していた役員に裏切られたこともあります。

その人物は、私の会社が所有するアフィリエイト・サイト運営のノウハウをライバル会社の役員に売り渡していたのです。彼には個人的にお金も貸していました。しかし、情報を売りさばくだけ売りさばくと、借金の返済もしないまま、どこかに逃げてしまいました。人づてに聞いた話によれば、かなりの借金を抱えていたらしく、その返済のために会社の情報を横流ししていたようです。

挫折と孤独の日々

信頼していた人の裏切りが発覚した直後は人間不信になってしまい、「人を雇うのは金輪際、やめよう」と思ったほどでした。

裏切られた背景には、年が若くて舐《な》められたという要素もあったのかもしれません。結局、そのころの私には「社長」としての器はなく、ネットビジネスで小金を稼ぎ始めた、ただの若者に過ぎませんでした。経営者としての確固たる軸はなく、寄る辺を探してさまよっているような状態で、年上の役員に頼りすぎてしまっていたのです。

自分で考え、決断していくのが経営者だとすれば、私はそれがまったくできていませんでした。〝自分よりも年上だから……〟という甘い考えに絡め取られ、過剰にその役員に依存してしまったのです。それが失敗の原因でした。

裏切りが発覚したあと、私はすぐにその役員を正式に解雇しましたが、それですべてが一件落着というわけにはいきませんでした。私の精神状態は最悪で、生気をなくしてしまったため、心療内科を受診すると、うつ症状が出ているとのことでした。

会社運営をする気力も体力もなくなった私は、いったん会社を休眠状態にする決断をします。要するに、私は現実から逃げ出したかったのです。

8名ほどいた社員にはしっかりと事情を話し、数カ月分の給料を支払うことを条件に辞めてもらいました。**この一例を見ただけでも、「経営者としての資格がまったくなかった」という事実がよくわかります。**彼らには本当に申し訳ないことをしました。

本来であれば、「社長の都合で解雇」などという事態は許されるものではありません。経営者として完全に失格です。

せめてもの救いは、のちに彼らと再会し、互いを労《ねぎら》う機会に恵まれたことでした。

心機一転、「投資」の世界へ

指標トレードで「秒速で数千万円」の大儲け

会社を休眠させたとはいえ、仕事をしないことには生活を維持できません。そこで私は、人を雇わずにできる仕事を探しました。1人でできるビジネスはないか……。そう考えて、色々と調べているうちに行きついたのが、FX（外国為替証拠金取引）です。

当時はやたらと「デイトレーダー」という言葉がもてはやされていました。世間的にもちょっとした投資ブームのような雰囲気が漂っていたこともあり、その影響も重なって私はＦＸに関心を持つようになるのです。

そうは言っても、私には投資の経験はありません。そこでＦＸ投資で勝つ方法を究めるために寝る間を惜しんで研究に励みます。その結果、行き着いたのが「指標トレード」でした。

このころ、億単位の取引をする億トレーダー（億トレ）と言われていた人たちのほとんどが、この指標トレードを通じて巨額のお金を稼いでいました。これに私もチャレンジしようと思ったのです。

指標トレードでは、アメリカを中心とする世界主要国が発表する雇用統計や消費者物価指数などの経済指標に対するアナリストたちの予測をベースに、為替の値動きを先取りして取引をしていきます。

発表された指標の結果次第で、１、２秒の間に１、２円単位の上げ下げが生じるため、レバレッジを利かせたＦＸ取引では一瞬のうちに大金が動くことも珍しくありません。

結果的に、私はこのＦＸ投資で大金を手にします。その理由は、アメリカで発表される経済指標の結果を誰よりもいち早く察知できるソフトウエアを手にしたからです。このソフトウエアを導入すれば、為替相場が経済指標に反応する前に自分のポジション（建玉《たてぎょく》）をより的確に動かすことができ、儲けが出せるという話でした。

実際に導入してみると、このソフトウエアは予想以上の威力を発揮しました。指標の内容を正しく分析し、相場の動きを予測して瞬時に的確な売り買いをしてくれるのです。1秒間に1000万円単位の儲けが出たり、最高で儲かったときには数秒間で5000万円を手にすることもありました。

こうして私は、アフィリエイト・サイトの運営に続き、再び大金をつかむことになるのです。

「口座凍結」でFX取引終了

私が入手したソフトウエアは、海外で開発されたものでした。これを使いこなすようになるまでには、実はそれなりの苦労もしています。

このソフトウエアの存在を知ったのは、インターネットでFXの情報を収集していたときに、このソフトウエアを使って儲けている人を見つけたことがきっかけでした。

「これはイケそうだ」と直感した私は、その人物にダイレクトメールを送り、会う約束を取り付けます。

連絡を取り合ってから数日後、その人に会うために東京から新幹線に乗り、地方都市へと向かいました。そして、実際に本人にお会いしました。

「ソフトウエアを使った指標トレードのやり方を教えてください」

私はすぐに本題に入りました。

「お金を払ってくれたら、教えてあげてもいい」

相手はそう答えました。

もちろん、無償で教えてもらおうとは思っていなかったので、謝礼は払うつもりでした。交渉の末、３００万円を支払い、やり方を教えてもらうことになります。

当然ですが、お金を支払う前にはソフトウエアを使って儲けが出ている様子の動画を見せてもらいました。それを見て、実効性を確信した私は、やり方を教えてもらうことにしたのです。

ソフトウエアを導入し、実際にトレードを始めると、すでに触れたとおり、面白いように儲かりました。

しかし、しばらくすると、取引ができなくなってしまうのです。その理由は、FXを取り扱っている証券会社が私の口座を凍結するという手段に出たからでした。

本来、FXトレードを取り扱う証券会社は、顧客からインターバンク市場（各国の金融機関のみに参加が限定された市場）への注文の仲介をし、手数料を稼ぎます。ところが、日本の証券会社の多くは、顧客からの注文をインターバンク市場に出すことはせずに、自社で相殺させて処理しているのです。

この場合、何が起こるかというと、顧客の損失が儲けよりも大きければ、差額が証券会社の収益として転がり込んでくる半面、顧客に莫大な利益がもたらされると、証券会社の損失が超過することになります。

これを嫌がった証券会社は、多額の利益を上げている個人の口座を凍結し始めるという行動に出ました。

その結果、指標が発表されるたびに数千万円単位の儲けを出している私の口座も目を付けられ、口座凍結という憂き目に遭ってしまったのです。

ソフトウエアを使い、自動売買をすること自体は違法でも何でもありません。ただし、そうした方法は〝証券会社の利用規約に抵触する〟ということでした。

証券会社のこうした姿勢に対抗するために、ひとつの口座を凍結されると、私は別の証券会社で口座を開設し、取引を再開するという手法を取り始めます。そこでも目を付けられて口座を凍結されると、別の証券会社で口座を開設するということを繰り返したのです。

そのうちに、証券会社のほうでも指標を絡めたソフトウエアの存在に気付き、経済指標が発表されるタイミングでの注文は受け付けなくなります。こうなると、いくら証券口座があっても儲けをまったく出すことができません。さすがにこれでは先細りする一方です。

この時期、偶然、ある証券会社の社長にお会いする機会がありました。その際に、指標トレードの話題を持ち出し、口座凍結について「何とかなりませんか?」と直談判したことがあります。すると、「口座凍結を解除するのは絶対に無理です」ときっぱりと断られてしまいました。

「それを許したら、証券会社が潰れてしまう」

社長の危機感はかなり強いようでした。裏を返せば、それだけソフトウエアによる売買の勝率が高く、証券会社にとっては脅威だったわけです。

1億円の利益で出金停止

指標トレードによるFX取引で利益を上げられた期間は、約2年間だけでした。証券会社の規制は強まる一方で、最終的には指標トレードは完全に締め出され、仮に取引させてくれる証券会社があっても、あり得ないくらいの手数料を要求するようになっていったのです。この段階になって、ソフトウエアを駆使した指標トレードのうまみは完全に消滅します。

それでも毎月、かなりの額を稼げたので、最初に投資した300万円はすぐに回収し、さらにはその額の何十倍というリターンを得ることができました。

次に私が関心を向けたのは、CFD（差金決済取引）でした。こちらは、国内外の株式や、世界の主要な市場の株価指数先物などの価格を参照し、取引開始時と終了時

の価格差によって損益が確定するというものです。

これについても、経済指標の結果が株価にどう連動するかを分析し、データベースを作って取引注文を出すという手法を使いました。こちらもかなりうまくいき、アメリカの雇用統計のような重要な指標が相場を大きく動かした際には、指標トレードを一緒に行っていたグループ全体で1億円くらいの利益を出しています。

ところが、こちらもすぐに証券会社から目を付けられる結果となり、今度はＣＦＤ利用者に対して、口座凍結ではなく、出金停止という処分が課されました。

幸か不幸か、そのときに限って私は大きな額を投資しておらず、どうにか出金停止は免れています。一方、出金を停止された仲間の中には、裁判を起こした人もいました。

この一件があってから、ＣＦＤも望み薄となり、私はここからも手を引くのです。

うまくいかなかった株式投資

会社を休眠させてからというもの、ＦＸやＣＦＤに没頭するばかりで、会社を復活させるという方向にはなかなか向かいませんでした。

1人でお金儲けをすることに気安さを感じた私は、次に株式投資にハマっていきました。このことが、結果として私を新たな事業へと向かわせます。

それまでの投資で多額の利益を上げてきた私でしたが、結論から言うと、株式投資ではいっさい利益を出せませんでした。センスがなかったのです。

指標トレードと違い、株式投資で勝つための〝裏技〟を持ち合わせていなかったことも原因でした。「これだ！」と思う株式に目を付け、何度も売買を繰り返すものの、ほぼ失敗に終わりました。

しかし、株式投資にのめり込んだことは、あとになって大きな恩恵を私にもたらします。

株式投資を始めるまで、恥ずかしいことに私は、企業の決算書を見たこともなければ、興味を持ったことさえもありませんでした。

ところが、自分のお金を投資するとなると、そんなのんきなことは言っていられません。投資を考えている会社に対してシビアな目を向けるようになり、決算書を隅から隅まで読み込むようになりました。

すると、決算書を読む作業が面白くなり、並行して、「どういった事業が今後伸びるのだろうか」という考察をする癖がついていきました。こうなると、興味は膨らむばかりで、気になった上場企業や業績を伸ばしている企業の事業内容を率先して調べるようになります。

このときの経験は、その後、再び事業を起こし、経営をするようになってから大いに役に立ちました。

月利10%の投資ファンド

株式投資でいい結果を出せずに頭を悩ませていたころ、実はあるファンドに投資をして〝大やけど〟を負ったこともあります。

きっかけとなったのは、仲の良かった友人からの誘いでした。

「オレが紹介するファンドに投資すると、月10%の金利を受け取れる」

こんな話を持ち出されたのです。

今から思えば、あまりにも「出来すぎた話」です。しかし、「ここ1、2年は配当金だけで暮らしている」という友人の話を聞いて、なぜかその話を信じてしまいました。彼自身、3億円ほど投資しているといいます。

少し前まで指標トレードのような手法でかなり儲けていたため、ファンドにも〝おいしい話〟があっても不思議ではないと思ったのが運の尽きでした。とにかく興味をそそられてしまったのです。

このとき、休眠状態の会社の口座には3億円ほどの現金が塩漬けにしてありました。

（これを全部預けたら、月に3000万円の配当がもらえるのか……）

そう思った瞬間、「やるしかないな」と決めていました。

さすがにいきなり3億円預けるのはリスクが高すぎると思い、最初は数千万円だけ預けました。すると翌月から、配当金として数百万円が入金されてきます。

あまりにも高利率なので、私は何に投資をしているのか聞いてみました。すると、「FXで利益を上げている」といいます。

すっかり彼の話を信じてしまった私は、数カ月後、会社の口座にあった3億円すべてを投資に回してしまうのです。

どん底からV字回復へ

3億円をいっぺんに失う

異変が起きたのは、残りのお金を預けた翌月でした。友人から「今月は配当金を払えない」という連絡が来たのです。問い詰めると、「ファンドが立ち行かなくなった」とのことでした。

当然、「預けているお金をすぐに返せ」と迫りました。それに対し、友人は「返せない」と言うばかりです。

詳しく話を聞いてみると、最初のうちは本当に投資をしていたようでした。ところが途中からうまくいかなくなり、〝自転車操業〟のような状況に陥ります。新たな投資を募り、それを他の投資者の配当に回すということを繰り返していたのです。

私が預けた3億円も先に投資した人への〝配当金〟として横流ししていたのでしょう。

事情を把握した私は、警察に届け出ました。しかし、「自己責任だ」と言われ、相手にしてもらえませんでした。

このころにはすでにアフィリエイト・サイトもやめており、私に目立った収入源はありません。**その上、それまで蓄えてきた3億円も泡と消え、私は無一文になってしまいます。**少し前までは「口座にある3億円をうまく運用して、セミリタイヤ生活を送りたい」などと思っていたのですが、それが突然、所持金ゼロの振り出しに戻ってしまったのです。**正真正銘の一文無しです。**

3億円が10分の1になった

ファンドを運営していた友人に何度も連絡し、最終的に直接会うことができました。おそらく友人は相当追い詰められていたと思います。幸いだったのは、彼が逃げるような人物ではなかったことです。

「こっちは明日の生活も危ういほどの状況になっている。少しでもいいから返してくれ」

必死になって訴えると、どこから集めてきたのか、最後の最後に3000万円だけ返金してくれました。今となっては恨みもありませんが、投資額の10分の1しか戻ってこなかったのです。

この出来事に見舞われたのは2013年のことでした。北海道から上京して5年ほどの年月が流れ、私は24歳になっていました。

人に裏切られ続けた結果、私の中で何が起こったか

会社の役員に裏切られ、人間不信に陥っていた自分が、またもや友人の甘い言葉にひっかかり、2億7000万円ものお金を失ってしまったのです。過去の自分だったら、精神のバランスを崩し、再びうつ状態になっていたかもしれません。

しかし私は、そこでくじけませんでした。「くよくよしていても仕方がない」と自分に言い聞かせ、逆境を乗り越えるためにすぐに前を向くことができました。

それはいつも心の中で「ピンチはチャンス」だと頑なに唱えていたからです。どれだけマイナスのことが起きても、絶対に揺り戻しの時がやってきます。マイナスの出来事は、未来へのエネルギーでしかありません。いつだって、ピンチはチャンスでしかないのです。

立て続けに味わった辛酸のおかげで、いつしかそう思えるようになっていました。

このときに大いに役立ったのが、株式投資の際にさんざん行ってきた企業分析でし

た。自宅に何週間も引きこもったまま、次に自分が飛び込んでいくべきビジネスの分野を探し出すことに専念したのです。

偶然出合った1冊の本が導いてくれた「3年で年商130億円」

そんなときに、ネットで偶然見つけたのが『ゼロから始める！ 4年で年商30億の通販長者になれるプロの戦略』（ダイヤモンド社刊）という1冊の本でした。

年商30億円という額は、当時の私にとって夢のような規模と言えました。

（それをたったの4年で達成する戦略とは、いったいどんなものだろう？）

すぐに興味を覚えた私は、この本を購入すると、むしゃぶりつくように熟読します。

この本が伝えていたのは、中高年向けのヘルスケア商品の定期通販ビジネスを成功させる戦略でした。本の中では、具体例として、サントリーや小林製薬、世田谷自然食品などの企業が積極的に展開しているヘルスケア商品の通販ビジネスを取り上げていました。

その内容を十分に理解した上で、私は再びパソコンに向かいます。類似の業態が本当に伸びているのかを自分の目で確認するため、ヘルスケア商品を販売している企業の決算書を調べまくったのです。

すると実際に、ヘルスケア業界が全体的に拡張傾向にあることが徐々にわかってきます。

(この業界、来てるな)

そう直感しました。

私が調べた複数の企業は、店頭で商品を販売する形式ではなく、今でいう「D2C」(消費者直接取引。Direct to Consumer)をさかんに取り入れて、実際に売り上げを伸ばしていたのです。ただし、当時はまだD2Cという言葉はなく、「単品リピート通販」と呼ばれていました。

(もしかしたら自分だって4年で年商30億円を達成できるんじゃないか)

各社の決算データを眺めていると、がぜん、やる気が出てきたのを今でもよく覚えています。

「すっきりフルーツ青汁」はなぜ成功したのか

「マーケティングが当たった」

こうして私は、ヘルスケア商品を販売する事業を立ち上げると、「すっきりフルーツ青汁」をはじめとしたヘルスケア商品を市場に投入し、当初の予想を大幅に上回る「3年で年商130億円」という業績を達成したのです。

しかし、そこに至るまでは決して平たんな道のりばかりではありませんでした。

まず、私の手元にあったのは、友人から取り戻した3000万円のみです。ここからすべてをスタートさせなくてはなりません。

大きな初期投資ができない中で、どうやったら効率よく業績を伸ばせるのかについて情報収集を行い、実際に新たな事業を始める準備を進めていきました。

この準備期間中、売れるネット広告社を率いる加藤公一レオさんのセミナーに行き、ネット上での売り方についての大きな気付きを与えてもらいました。

それ以外にも、**自分なりに研究を重ねつつ、徐々に商品を売るための仕組みを考えていった結果、ひとつの答えとして出てきたのが「何を売るかというよりも、ネット上でどれだけの存在感を見せられるか」ということです。**

それまでの通販ビジネスは、ネット販売にまだ力を入れていませんでした。

各社の商品宣伝は、インフォマーシャルと言われるテレビでの録画式生CMや、ラジオのタイアップCM、チラシなどに頼っていました。要するに、オフラインで売る時代だったのです。

一方、私は、「これからはさらにスマホが人々の生活に入り込んでくるはずだから、スマホ上で閲覧できるホームページを商品宣伝のための入り口として極めよう」と考えました。そしてその読みが見事に的中するのです。

世の中には、私のことを「たまたま飲みやすい青汁が当たっただけ」と思っている人がたくさんいます。**しかし実際のところは、「青汁が当たった」というよりも「マーケティングが当たった」といったほうが的確なのです。**

目に見える商品を作ることの面白さにハマる

青汁のネット販売に関する準備が整うと、今度は実際に製造を請け負ってくれる食品製造会社を探すことに奔走しました。

そうは言っても、私には、青汁を販売した実績はもちろんのこと、食品自体を扱った経験がなかったため、面会をお願いしてもなかなか相手にしてくれません。それでもめげずにいくつもの会社と交渉を重ね、なんとか協力してくれる企業を見つけました。

それまでは自分自身で食品工場に赴くようなビジネスをしたことがなかったので、実際に足を運んで現場を視察する経験はとても新鮮でした。私にしてみれば、それまでの仕事と180度異なる新たな環境だったのです。

試行錯誤の末、ようやく試作品ができてからは、何度も試飲を繰り返し、「これはちょっと甘すぎるかもしれません」「もう少しフルーツ感を出せますか？」という要望を伝え、完成品に近づけていきました。

私自身に特別なテイスティング能力があるとは思いません。しかし、そうであっても「自分がおいしいと思えないと商品は売れないだろう」という基準だけは最後まで崩しませんでした。

また、青汁の他にも、市場のニーズに合った化粧品やスキンクリームなどの商品開発を進めていき、ＯＥＭ生産を請け負ってくれる化粧品会社を探していきました。

メイクアップやスキンケアについても専門的な知識がないので、製造元の方たちと細かく相談して商品を完成させていったのです。

「実績がない」と見下されても食らいついた

当初は私の会社に実績がなかったため、取引先から「軽く見られているな」という印象を受けることもありました。

例えば、こちらが販売計画に沿って納期を設定しても「他社商品の製造を優先させないといけない」という理由で、納期の後ろ倒しを要求されたりしました。

そうした冷遇に耐えながらも、「絶対に成功してやる」という気持ちをたぎらせて食らいついていったのです。

それができたのは、単純に面白かったということが理由のひとつと言えます。それまではネット上でのみ繰り広げられるビジネスにしか従事してこなかったので、目に見える商品を製造し、それを売るという商売は私にとって珍しいものでした。

そのうちに、ＯＥＭの会社の営業担当者や企画開発担当者とのやり取りもスムーズにできるようになり、通販ビジネスの面白みをじわじわと実感していくようになります。おかげで仕事はさらに楽しくなり、それまで以上に力を入れていきました。

こうして右肩上がりの年商を達成していったのです。

誰もが度肝を抜かれる驚異的な成長

「青汁王子」というニックネームが付いてしまったせいで、私のことを青汁の販売によって財を成した人物だと思っている人が多いようです。しかし実際は、そうではありません。すでに述べたように、私が創業した「メディアハーツ」（現ファビウス）は「すっきりフルーツ青汁」の売り上げだけに頼っていたのではなく、化粧品なども販売しており、これらの商品の売り上げも会社の業績アップに貢献していたのです。

通販ビジネスを立ち上げて1年目の年商が8億円、2年目の年商が18億円、3年目の年商が130億円と、「メディアハーツ」は誰もが度肝を抜かれるような驚異的な成長を達成していきます。これを受けて、多くの人たちが私の会社に関心を寄せてくれました。さらに「すっきりフルーツ青汁」が看板商品だったことから、いつしか私は「青汁王子」と呼ばれるようになるのです。

その3年間は、会社の急激な成長と、それに伴う変化のスピードがあまりにも速いので、それに追いつくためにとても苦労しました。

1年目、2年目と10人ほどのメンバーで会社を運営していきました。それが3年目の終わりごろには、40人弱ほどの大所帯になっていきます。

商品が売れに売れて、工場からの出荷だけではさばき切れないときは、会社に商品を持ち込んで、会議室にうずたかく箱を積み上げ、社員、アルバイト総出で箱詰め作業をしたこともありました。この時期はすべてが順調で、来る日も来る日も、やる気とやりがいに満ちた日々でした。

ピンチをチャンスに変えてつかんだ成功

生まれ故郷から逃げるように上京して10年、一文無しになったり、裏切りに遭ったり、心療内科に通ったりと、紆余曲折の連続。まさに這いつくばりながら生きてきました。

しかし私は何があってもあきらめませんでした。

その結果、「すっきりフルーツ青汁」のヒットが私を待っていたのです。

さらに私自身が、「青汁王子」として世間の注目を集めるようになるとは、上京当時は想像もつかないことでした。

いつも心の中で繰り返してきた「ピンチはチャンス」という言葉をこのときほど深くかみしめたことはありません。

「逮捕」というどん底から私が復活できた理由

逮捕、社長退任、非難の声……絶望が私を襲った

様々な逆境をかいくぐってきた私は、メンタル面においても20代としては相当強くなったと自負していました。

ところが、その自負心を試すかのように、30歳になる直前に超巨大な試練が襲い掛かります。

2019年2月、あろうことか私は約1億8000万円の法人税の支払いを怠ったという脱税容疑で逮捕されてしまうのです。

最終的に私に下されたのは、法人税法違反などの罪で懲役2年執行猶予4年、会社への罰金4600万円という有罪判決でした。

この判決については、真実が十分明らかにされておらず、完全に問題が解決したとは思っていません。ただし、それについては本書ではひとまず棚上げしておきます。

私がここでお伝えしたいのは、この際に直面した「人生最大の危機」がその後の私に大きな転機をもたらしたという事実です。

脱税の罪に問われて逮捕されてからは、周囲の知人たちの多くは私から離れていきました。そして、逮捕されてから3カ月後の2019年5月、私はついに自分の作った会社の社長を退任する決心をします。

メディアは私に関して事実とは異なる内容のニュースを垂れ流し、それを信じた一般の人たちからは、心ない誹謗中傷の声が私の元に届き始めます。

この状況を受けて、「自分の人生は完全に呪われている」と考えることが多くなり、私は殻に閉じこもって塞ぎ込みました。

「こうなればもう、いつ死んでもかまわない」という精神状態に陥り、心が折れてしまう一歩手前まで追い込まれていくのです。普通の人なら自殺していたかもしれません。ところが、私はぎりぎりのところで持ちこたえられました。

世間の誤解を解くために私がしたこと

この時期、私がずっと自分に言い聞かせていたのは、これまでと同様、「このピンチをどうにか凌《しの》げば、次に大きなチャンスがやってくるはずだ」ということです。

そしてそれは現実のものとなります。

年商130億円の会社のトップの地位は失ったものの、その後、「青汁劇場」と銘打って私の私生活の一部始終をSNS上で公開し始めると、半年間でフォロワーをそれまでの30倍に増やすことに成功するのです。

SNSのフォロワーの増加ぐらいでは、社長の座を失うという損失を埋められないと思う人もいるかもしれません。

しかし、私には考えがありました。理不尽な判決や、私に関するいわれのないデマによって世の中に広まってしまった誤った自分像をSNSを通じて正していくつもりだったのです。

そのためにはどうしてもSNSというツールが必要だったのです。それを用いて私に対する世間の逆風に一矢を報いるという計画を立てていました。

ホリエモンも呆れた？　逮捕前から練っていた「メディア戦略」

長期にわたる取り調べの末にいよいよ逮捕されるという前日、私はホリエモンこと堀江貴文さんと話をする機会を得ました。その際、私は「逮捕されても、テレビに出られますかね？」と堀江さんに尋ねています。

それを聞いた堀江さんは、逮捕という深刻な事態に直面しながら、それでも「テレビにまた出たいなんてヘンだよ、おかしいよ」と思ったらしく、のちにご自身のＹｏｕＴｕｂｅチャンネルの中でも、このときに私と交わした会話について語っています。

このときの私の質問の真意は、「釈放後、テレビのようなメディアに出て、逮捕の不当性を訴えたい」というところにありました。残念ながら、その真意をしっかりと説明できなかったため、単なる変人に思われてしまったようです。

それはさておき、逮捕後に保釈された私は、自ら構築したSNSの場を通じ、世間の誤解を解こうと必死になりました。**いくら自分の中に思いがあっても、自分の言葉で発信しなければ、メディアによる一方的な報道によって真実はかき消されてしまうと考えたのです。**

当時のデタラメな報道には、まるで私が脱税をしたお金で豪遊をしていたかのようなものもあり、それを何度も流されることで、私はますます誹謗中傷の標的にされていきました。

1億8000万円の脱税容疑で逮捕されたものの、私の会社は毎年のように十数億円もの額の納税をしており、元々脱税をするという意図はまったくありませんでした。それだけに、悪意に満ちた報道に対して悔しい思いが募っていたのです。

メディアによって勝手に作られたネガティブなイメージをひっくり返すには、別のメディアを利用して真実の姿を映し出していくしかない……。

そうした結論に至った私は、逮捕される前後から自分なりの〝メディア戦略〟を練ることに一生懸命になっていたのです。

発信力を高めれば稼ぐ力は自然とついてくる

「大炎上、つるし上げ、非難の大合唱」から私が学んだこと

ただし、いくら真実の姿を世間に伝えようとしたところで、誰もそれを見てくれなかったら意味がありません。多くの人たちの目に触れるようになって初めてメディアの威力は発揮されるからです。

脱税疑惑が出るずっと前から、私はツイッターをやっていました。しかし多くのフォロワーがいたわけではなく、最初は確か3万人くらいだったと思います。当然ですが、ツイートにコメントしてくれる人もあまりいませんでした。

ところが、脱税疑惑のニュースが出てからは、私のツイッターは一気に大荒れ模様になっていきます。

「犯罪者死ね」

「脱税者死ね」

「おまえなんか生きている資格がない」

こんなコメントが殺到したのです。

「金持ちざまぁ」

「転落してざまぁ」

「あんだけメディアに調子乗って出たからざまぁ」

タイムラインには、「ざまぁ」という言葉が溢れていきます。

ところが、それらのコメントをひとつずつ読んでいるうちに、世間の人たちは他人が落ちぶれていく姿に並々ならぬ興奮を覚えるということに私は気付くのです。

そうして思いついたのが、「青汁劇場」という枠組みを自ら作り、徹底した転落劇を演じることでした。

お金持ちだった私が転落し、焼き鳥店でアルバイトを始めたら、多くの人が「ざまぁ」と言って喜んでくれるはず……。

彼女にフラれる様子をさらけ出したら、「ざまぁ」と言って喜んでくれるはず……。

女装をして接客を始めたら、「ざまぁ」と言って喜んでくれるはず……。

デリヘル嬢を自宅に呼んで、いざというときに勃たなかったら、「ざまぁ」と言って喜んでくれるはず……。

このようなプロットを次々に考え出し、実際に演じることで、転落していく姿を徹底的に見せつけていきました。

自尊心を削りながら、他人から「ざまぁ」と思われることを続ければ続けるほど、多くの人の注目が私に集まっていきます。その一方で、逮捕後も残っていた知人や女性の友だちさえも、私の奇異な行動を理解できず、離れていってしまいました。

3、4カ月でフォロワーを30倍に増やした「秘策」

仮にこのとき、真面目な顔をしながら裁判の理不尽さを訴えるばかりだったら、誰も見向きもしてくれなかったと思います。

まずは恥ずかしさやみっともなさをすべてかなぐり捨てて、世間の人たちの目を引くような奇抜なことをする必要があったのです。

すると、私の予想は見事に的中し、3、4カ月の間にフォロワーを30倍に増やすことに成功します。

振り返ってみると、2019年は私にとって実に目まぐるしい年でした。2月に脱税容疑で逮捕され、保釈後の3月に「青汁劇場」を開始し、8月には「三崎愛汁《えちる》」としてホストに転身すると、業界史上最高記録といわれる13日間で8200万円の売り上げを達成します。そして9月に東京地方裁判所において、法人税法違反などの罪で懲役2年執行猶予4年という判決を下されたのです。

こうした目まぐるしい展開を受けて、「青汁劇場」はますます注目を集めていきます。

人々の心に変化が起こり始めた

容疑者になったときもつらかったですが、容疑が晴れずに犯罪者になった瞬間は、さらにつらいものがありました。容疑者と犯罪者では社会的なイメージもまったく異なります。**執行猶予が付いたとはいえ、会社のトップに居座り続けるのは正義に反すると思ったため、私は社長を辞任することになりました。**

私のことで会社の足を引っ張りたくないという思いもありました。社員たちは会社の脱税騒ぎに巻き込まれてしまったにもかかわらず、1人も辞めずに支え続けてくれました。彼らは私の大事な仲間です。もうこれ以上、迷惑をかけることはできません。私は、彼らをどうしても守りたかったのです。

社長を辞任すると決めたあと、私はすぐに「長らく務めていた社長を辞任します」といった内容をツイートしました。このツイートは、それまでの「青汁劇場」の転落劇とは違い、心からの悲しみをにじませるものでした。

（オレの気持ちも知らないで、どうせまた「ざまぁ」とか言ってくるんだろうなぁ……）

新たな転落劇を喜ぶ人がたくさん出てくるのだろうと予想しながら、投げやりな気持ちになっていたのです。

ところが、このツイートのあと、あれだけ私のことを叩いていた世間の人たちの評

価にほんの少しの変化が生じ、大量の返信の中に私への声援が混じり始めたのです。

もちろん、「ざまぁ」という気持ちが込められた批判的なコメントは相変わらず多く、全体の9割を占めていました。しかし、残りの1割のコメントは、温かさを感じさせる応援のコメントだったのです。

この変化はまったく予想外のことだったので、本当に驚かされました。

SNSで真実を語り、裁判の不当性を訴えたいと弁護士の先生に相談したとき、先生からは「判決前に事件について発言すると、裁判で不利になる」と伝えられていました。それもあり、あえて裁判についての発言を行わず、ひたすらフォロワーを集めるために「青汁劇場」という枠組みの中で、他人からの失笑を買いながら私はピエロを演じてきたのです。

ファンの存在のありがたさ

「青汁劇場」をやってよかったと思うのは、いくつかの新しい発見ができたことです。

実は、ホストに転身したとき、働き始めて2日目に先輩ホストからいじめられ、それに耐えきれずに辞めるという内容のやらせを用意していました。

ところが、いざ働き始めたら、「『青汁劇場』を見ているうちにファンになった」という人たちが、わざわざホストクラブにお客さんとして来店してくれたのです。

こんなことを言ったら失礼かもしれませんが、「世の中には自分のファンになるような物好きもいるんだな」と思いました。このときに初めて、私は「ファン」という存在のありがたさを痛感するのです。

それまでの私は、ビジネスセンスに頼ってお金を稼ぐ方法しか知らず、「ファンの存在によってお金を稼ぐ」という体験をしたことがありませんでした。したがって、ファンが欲しいと思ったことは一度もなかったのです。

しかし、ホストの世界では、ファンの存在が圧倒的な力を持ちます。彼らが熱心に応援してくれたことで、私は13日間という短期間で８２００万円もの売り上げを達成できたのです。

少し前までは批判の嵐にさらされていた自分を応援してくれ、お金まで使ってくれるという事実に、私はただただ驚くばかりでした。

私はなぜ「日本を去る決意」を撤回したのか

実は、ＳＮＳである程度の注目が集まってきたら、実行してみたいと思っていたことがありました。

脱税したとされる額と同額の１億８０００万円を世間の人たちに配り、それを終えたら、すっぱりと日本から出ていこうと考えていたのです。

それをしたからといって、判決が覆るわけでもなければ、世間の評価が変わるわけでもありません。しかし、当時は国税局による私への見せしめ的な仕打ちに対して反抗の意を示すため、執念を燃やしていたのです。

この時期、私のツイッターのフォロワー数は20万人に膨れ上がっていました。

（お金を配ったあとは、用のなくなった日本から出ていくだけだ……）

こんな思いに駆られていました。

ところが、このあたりから私に対する風当たりが一気に弱くなり、ツイッターの「いいね」の数がどんどん増えていきます。「青汁劇場」にもさらに注目が集まり、一

時はトレンドランキングにランクインするほどの注目を集めていきます。

1億8000万円を配るというキャンペーンを告知したツイッターのつぶやきは100万リツイートを超えていきました。そして、無事に1億8000万円を配り終えた瞬間には、フォロワー数が130万人を超えていたのです。

このときは本当に夢のようで、「ジャイアントキリング」をものにしたような気持ちでした。

また判決後にYouTubeも始めており、こちらでは国税局に対する私の思いや、自分の中にある真実を語るコンテンツを配信しました。するとこちらも話題となり、何十万回も再生されていきます。

これほどまでの反響を受けた結果、多くのフォロワーや登録者数を擁する発信ツールを持つことは強力な武器を持つのに等しいと確信するに至るのです。

その後、私は「日本にも自分の居場所がまだ残っているかもしれない」と考えるようになり、海外に移住する予定を取りやめました。

ピエロがもぎ取った大逆転

２０１９年９月に判決から出てからは、私に対して「ざまぁ」と言ってくる人はさらに減少し、罵倒するようなコメントがあっても他のコメントに埋もれてしまい、あまり目立たないようになりました。

さらに今、こうして本を出版できるまでになったのも、「青汁劇場」の中で徹底的にピエロを演じきったからだと思います。

あのときに何もせず、泣き寝入りして自分の言いたいことを伝えていなかったら、〝脱税で捕まった中小企業の元社長〟というレッテルが貼られたまま、私の存在は忘れ去られるだけだったでしょう。

ところが私は、執念でそれを食い止めました。

（絶対にピンチをチャンスに変えてやる）

（どんな逆境でさえも乗り越えてやる）

（どんなマイナスでさえもプラスに変えてやる）

こんな気持ちを心の中にたぎらせて、ひたすら前を向いていった結果、今のプラスの状況に到達することができたのです。

そのおかげで、ツイッター、インスタグラム、ＹｏｕＴｕｂｅを中心に多くのフォロワーと登録者を獲得し、発信力を高めることに成功しました。

「逮捕」というまたとない「宣伝広告」のチャンス

判決を受けてから2年ちょっとしか経過していませんが、今では多くの人に応援してもらい、各界の著名人の方とも対談させてもらえるようになりました。

犯罪者扱いされ、ピエロを演じていた私が、どういうわけか今では社会的に評価されつつあるという事実。この世の中は本当に不思議だなと思います。

この間、経営者としても順調に実績を積み重ねることができました。かつて買収した企業の業績が好調で、合計すると年間３００億円ほどの売り上げを達成するまでに成長しています。

起業してから裁判が終わるまで、精神的に不安定な状態がずっと続いていました。しかし、それもどうにか撥《は》ね返し、現在ではすっかり心の平穏を取り戻すことができています。

もちろん、有罪判決を受けたという事実はこれからも覆りません。ただし、時間の経過とともに、私の人生は新たな出来事で上書きされていきます。それに伴い、過去の出来事が占める比重もどんどん小さくなっていくでしょう。もはや過去にとらわれて悩む必要はないのです。

脱税の罪に問われたときは、本当に悔しくて、国税局を憎む日々を送りました。しかし今では、国税局に「ありがとう」と言えるくらいの心境になっています。

人生のある時点でどれだけマイナスの状況に陥っても、あきらめなければプラスに変えることができるのです。10代後半から20代にかけて、そのことを私は身をもって学びました。

逆境があるからこそ飛躍ができる

この本を読んでくれている人の中には、今の状況に不満を持ち、自分に対するコンプレックスに悩んでいる人がいるかもしれません。

そうした人たちにお伝えしたいのは、マイナスの時期は、プラスの時期に転じる前の助走段階のようなものだということです。

マイナスの状況は「今」の状態を映し出しているだけであり、どこかの段階でプラスに変わる可能性が十分にあることを忘れないでください。

「もうどうにもならない……」

こんな気持ちになって、心が折れてしまいそうになることもあるかもしれません。

そこでくじけずに、「ピンチの先に必ずチャンスが待っている」と信じれば、前に進んでいく力が出てくるはずです。

逆境期があるからこそ、プラス局面に転じたときに人は大きく反発し、飛躍期を迎えられるのです。これを経ていくことで、人は成長していくのだと私は考えています。

そう考えればマイナス局面は、決して〝悪〟ではなく、まだ見ぬ将来に向けたプラスのエネルギーの塊でもあると言えるのです。

私は今、ピンチが訪れるたびに、「このあとにはどんなチャンスが待ち受けているんだろう」と考えてワクワクします。

もしもピンチが訪れたら、「もうダメだ」ではなく、「このピンチはどんなチャンスに変わっていくんだろう」と想像するようにしてください。それができたとき、必ず何かが変わっていきます。

「お金の哲学」なくして成功はあり得ない

TIME IS MONEY

CHAPTER 3

目指すべきは「幸せなお金持ち」

「お金持ちになること」を目標にしてはいけない理由

私はこれまで、贅沢《ぜいたく》三昧の暮らしを送り、湯水のようにお金を使ってきました。

ところが、いくらお金を使って贅沢をしても、幸せを実感できませんでした。それどころか、むしろ「死にたいな」という思いが強くなるばかりだったのです。

（この先、いくらお金を儲けても、オレの生活は何も変わらないんだろうな……）

そう直感すると、目の前が急に真っ暗になり、地獄のような毎日が続きました。

お金がない人がこの話を聞くと、「お金持ちならではの羨《うらや》ましい悩みじゃないか」

「お金持ちの自慢に過ぎない」と思うかもしれません。

しかし、実際にお金持ちになってみると、誰の身にもこのような現実が訪れます。つまり、「お金持ち＝幸せ」という等式は成り立たないのです。

お金がいくらたくさんあっても、買いたいものが常にあるとは限りません。そうなると、お金の使い道はどんどんなくなっていきます。

もちろん最初のうちは、あれを買ったり、これを買ったりと、好きなものを好きなだけ買いあさり、満足感を得られるでしょう。

しかし、しばらくして欲しいものがなくなってくると、買い物によって得られる満足感は一気に低下します。

この例からもわかるように、お金は万能ではないのです。

とはいえ、お金持ちになることや、お金を稼ぐことを否定するつもりはありません。お金を手に入れるために一生懸命に働くこと自体は〝悪〟ではないからです。

ただし、お金を手に入れたところで何かが劇的に変わるわけではないので、その点だけは把握しておくといいと思います。

事実、成功者と言われる多くの人が、「成功を手にしたあと、とても悩んだ」と告白しているといいます。成功し、金銭的に豊かになったにもかかわらず、なぜかとてつもない空虚感に襲われるのです。**「お金持ちになること」を目標にしてしまうと、いざそれを達成したとき、こうした罠《わな》に陥りやすくなります。**

ハワイで起きた「血尿事件」

後述しますが、高校2年生のときに買ったパソコンがきっかけとなり、大金を稼げるようになった私は、「もっと稼ぎたい」という思いに駆られ、お金の存在をずっと追い続けてきました。

しかし、今はもう、そんな生活とは距離を置いています。

そうさせたのは、ある出来事に遭遇したからでした。

話は、「すっきりフルーツ青汁」が爆発的なヒットを記録する前の2015年末に遡ります。この年、会社の業績は好調で、年商が18億円ほどに達しました。

2014年に立ち上げた事業が、急激に成長したのですから、本来ならもっと嬉しくてもいいはずです。にもかかわらず、理由もわからないまま、私は空虚感に苛まれていました。

（ちょっと疲れているのだろう。息抜きが必要なのかもしれないな……）

そう思った私は、年末年始の休みを利用して、海外旅行に出掛ける計画を立てます。当時、彼女がいたわけではないので、たまたまバーで知り合った女性を誘い、私はハワイに向かいました。

お金の心配をする必要はないし、誘えばすぐに自分についてきてくれる女性もいる。ここまでは完璧な流れでした。

ところが、いざ旅立ってみると、なぜかまったく楽しくありません。むしろつまらなすぎて、すぐに日本に帰りたいくらいでした。

（年商18億円の会社の社長って言っても、こんなもんかよ。くだらねえな）

こんな思いを募らせながら、好きでもない彼女と一緒にハワイで年明けを迎えようとしていたのです。息抜きのつもりだったのに不満は募る一方で、気分は最悪でした。

ハプニングに見舞われたのは、午前零時を目前にしたころでした。急に下腹部に痛みを感じ始め、耐え切れなくなってトイレに駆け込んだのです。そこで見たのは、自分の体から放出された大量の血尿でした。

（金を持っているといっても、オレの人生はクズだな）

（いくらお金があっても人生は満たされない。だったらお金のことはあまり考えずに、他のことに興味を持ったほうがいいんじゃないか……）

トイレの便器にこびりついた血尿を眺めながら、私はそんなことをふと思いました。

この出来事がきっかけとなり、それまであまり本腰を入れていなかったインスタグラムやツイッターに投稿し始めるのです。私のインスタグラムの初投稿はハワイの様子を映したものでした。

「性病」から私が学んだもの

帰国したあと、私はすぐに病院に行き、診察してもらいました。

すると、性病を患っていることがわかります。年商18億円といったところで、年越しに血尿が出て、性病にかかっていたことがわかるという体たらくです。

それまでは、飲みに行った先で気に入った女の子を見つけると、その子にお酒をご馳走し、そのまま家に連れ帰って遊びまくっていました。性病もそうした乱れた生活を送っているうちにうつされてしまったのでしょう。自業自得です。

でも、性病にかかったことで私の中の何かが吹っ切れたのです。

（お金の力に物を言わせて、チャラチャラと遊んでばかりいても虚しいだけだ）

そう思うようになりました。それ以降、私はお金一辺倒の生き方から距離を置くようになっていきます。

性病に罹患し、ハワイに行って血尿を大量に放出するという最悪の出来事に見舞われましたが、今ではあの経験も無駄ではなかったと受け取るようにしています。

「幸せ」はお金によって変動するものではない

仕事をしている人にとって「少しでも多くのお金を稼ぎたい」というのは共通した願いだと思います。

では、なぜそう願うのか？
その理由を尋ねてみると、「幸せになりたいから」という答えがよく返ってきます。この反応からわかるのは、多くの人たちが「お金を稼げば稼ぐほど、幸せになれる」と信じているということです。

しかし、本当に「お金を稼げば稼ぐほど、幸せになれる」のでしょうか。これについて、私はいつも「なれません」と答えています。にもかかわらず、多くの人たちがこの幻想に惑わされているのです。かくいう私も、過去にこの幻想に惑わされ、お金を手にすることで幸せをつかもうと必死になっていました。

使い切れないほどの大金を手にした経験のない人の多くは、「大金があれば、今以上に幸せになれるはずだ」と考えます。現状の自分を見つめ、もっとお金があれば、満足のいかない状況から脱出できると想像するのです。
ところが現実には、いくらお金を稼いだところで、幸せを手に入れることはできません。

事実、ノーベル経済学賞を受賞したプリンストン大学のダニエル・カーネマン名誉

教授による研究では、「年収7万5000ドル（約850万円　2021年10月末現在）を境にして、それ以上収入が増えても幸福度は変わらない」と結論づけています。

年収が増えれば、自由に使える額も増加するかもしれません。ただし、その一方で仕事の責任は重くなり、ストレスにさらされる機会も多くなるでしょう。

また、お金持ちになればなるほど、周囲の人たちはあなたをお金持ちとして見るようになり、お金目当てに近寄ってくる人たちも増えてきます。こうなると、怪しい投資案件に騙《だま》されたり、お金がなかったときには絶対に起きなかったようなトラブルやアクシデントに巻き込まれたりするかもしれません。

宝くじで大金を当てた人が不幸になってしまう理由

よく聞く有名な話に、宝くじで大金を当てた人が、不意に得た大金を上手に扱うことができず、数年後に不幸せになっているというものがあります。

これと似たような筋書きで、年収が急に上がった人が、不意に高まるストレスにうまく対処できず、不幸を抱え込んでしまうというケースがよくあるそうです。こうなると、いくら贅沢な暮らしを送れたとしても、幸せとは言えないのではないでしょうか。
贅沢な暮らしといっても、それに新鮮味を感じるのは最初のうちだけで、すぐに慣れてしまうものです。贅沢な暮らし自体が幸福の源泉になることはありません。そもそも贅沢についていては上を見たらキリがなく、どこまでいっても満足は得られないのです。これではいつになっても幸せは手に入らないでしょう。
そもそも人間というのは、衣食住が整い、安心して暮らすことさえできれば、幸せを十分に感じられます。つまり、お金持ちかどうか、贅沢ができるかどうかは、幸福感とはほぼ無関係なのです。

ではここで、改めて質問させてください。

「あなたは何のためにお金を稼ぎたいのですか?」

お金で幸せを買うことはできない——。このことはすでに説明しました。それでもなぜ、お金を稼ぎたいと思うのでしょうか。
仮にお金を稼がなくても幸せになれるとしたら、お金に対してもっとリラックスして向き合えるのではないでしょうか。

今すぐ「幸せ」を感じることができる、「たったひとつのこと」

湯水のようにお金を使っても幸せになれなかった経験を通じてわかったことがあります。

人が幸せを感じるために必要なのは、**自分の人生に対する「希望」であるという事実です。**

自分の人生において、先の将来に何らかの夢があり、さらに希望があれば人は誰でも幸福を感じられます。

裏を返せば、どんなに贅沢な暮らしをしていても、希望がなければ幸せになれないということです。

「未来に向かって成長できる」

「今とは違う将来がある」

こんなワクワク感を覚えたとき、人の脳からは〝快楽物質〟が放出され、すべてに関してやる気が出てきます。その変化の過程で、私たちは幸せを感じるのです。

「お金があっても不幸」では意味がない

私の周囲を見回しても、「お金持ち」というだけで幸せそうにしている人はあまり見たことがありません。反対に、お金持ちではなくてもワクワク感を持ちながら生きている人たちは、いつも幸せそうです。

「誰も成し得たことがないことをやってみよう」
「経営者として成功し、有名になってみよう」
「人気YouTuberになってみよう」
「プロスポーツ選手になってみよう」
「プロのミュージシャンになってみよう」

ゴールは何でも構いません。夢や希望、ビジョンを抱くことができれば、すぐに幸福感は手に入ります。大切なのは、お金では買えないモノやコトに目を向けて、それを追い求める姿勢なのです。

「生き金」を使えば何倍にもなって戻ってくる

本当に価値のあるお金の使い方とは？

お金は決して万能ではありません。ただし、お金によって効率化を図ることは可能です。

例えば、家政婦さんを雇い、家事の時間を夢やビジョンの実現に回すことができれば、より充実した人生が送れるでしょう。そういう意味では、時間の効率化を図るためにお金を費やすことが、最も価値のあるお金の使い方だと思います。

この世の中に生きている限り、時間の配分だけは公平に行われます。この時間だけは、いくらお金を払っても買えません。ただし、お金の力によって時間を効率的に使うことは可能です。

「人と比較しないほうが幸せだ」

こんな言葉を聞いたことがある人も多いと思います。

確かに、幸福度という観点においては、人と比較をせずに自分らしく生きたほうがいいのかもしれません。とはいえ、よいことではないと知りながら、ついつい比較してしまう。それが人間というものの性《さが》なのでしょう。

人との比較に関しては、お互いが競い合って成長するために必要なこととして、私は割り切って考えるようにしています。

私たちが与えられた時間は、万人に等しく1日24時間のみ。その時間枠の中で、ライバルや友人、同僚たちとの比較を行いながら効率的に時間を使い、より好ましい成果を得るために行動していけば、必ずいい結果がもたらされるでしょう。そうして得た成果の蓄積が、幸せや豊かさにつながっていくのです。

「死に金」と「生き金」

ある友だちは言います。

「たまにはゴルフでもしたらどうだ？」

いくら言われても、私は絶対にやりません。

その理由は、ゴルフはおじいちゃんになってからでもできるからです。それよりも私は、今しかできないことをしたいと思っています。

例えば、勉強。歳を重ねていくと脳細胞の劣化は進み、新しいことを覚えるのが大変になります。それならば、記憶力が衰えていない今のうちにできるだけたくさん勉強したほうが間違いなく効率的です。

お金には「死に金」と「生き金」があります。

私にとっての「死に金」は、わかりやすい例で言うと、キャバクラやバーで使うようなお金のことです。こうした場所で湯水のようにお金を使っても、そのお金を活かすことはできません。

では「生き金」とはどういうものか。自分や自分の周りの人たちに何かを確実に残すために使うお金のことです。

例えば私の場合、旅行に行くと、ホテルのスイートルームに必ず泊まります。その部屋の料金がたとえ1泊100万円であろうと、もしくは200万円であろうと、必ずスイートルームに泊まるのです。

別に贅沢をしようというのではありません。一流ホテルのスイートルームに泊まることで、普段はなかなか味わえない時間を過ごし、自分の知見を広げようと考えているのです。自分を成長させるための投資であれば、「死に金」にはなりません。

脱日常のような体験をすると、インスピレーションを感じやすくなるというメリットもあります。仕事やプライベートについて、それまで想像もしていなかったようなアイデアが生まれ、それが問題解決につながったりするのです。

このことは、私自身がこれまで何度も経験しています。

以前、会社の業績拡大がうまくいかないとき、箱根の旅館の特別室に宿泊したことがありました。部屋の中で一日中考えごとをしながらゆっくりとした時間を過ごしているうちに、自分の考えがまとまってきて、その後の会社運営の道筋が見えてきたのです。

静かで快適な空間に身を置きながら物事を考えることで頭の中がきれいに整理され、処理能力が高まった結果、いいアイデアが浮かんできたのでしょう。

私がなぜそこまでアイデアの創出にこだわるかというと、アイデアこそがお金を稼ぐ大きなファクターとなり得るからです。

アイデアの力は侮れません。たったひとつのアイデアで、ピンチがチャンスに変わるときがありますし、アイデアひとつでビジネスがプラスの方向に大転換していくことも珍しくないのです。

発想力や決断力を養うには、考える時間を定期的に持つ必要があります。そのためには、「生き金」を使い、普段感じることのできない感性に触れ、知見を広めていく。それを続けることで、確実に成長を遂げられます。

「非日常の環境」に身を置くと思ってもいない発想が浮かぶ

ホテルのスイートルームに泊まりたくても、経済的な余裕がなくて泊まれないという人もいるはずです。

その場合、無理をしてまでスイートルームに部屋を取る必要はありません。**大切なのは、今あるお金を「死に金」にするのではなく「生き金」にするという発想なのです。**

十分なお金がなければ、非日常の環境に身を置いてみるだけでもいいでしょう。一流ホテルに泊まらなくても、ホテル内のレストランで食事をするだけでも十分です。もしくは大自然の中に繰り出して、雄大な自然の美しさに触れてみるのもいいと思います。

そうした経験を通じて、「何かを変えたい」「何かをつかみたい」という意識を持ち続けることが大切です。

こうしたひとつひとつの行動を積み重ねることで、自分の中にこれまでなかった発

想力や決断力が養われていきます。それに伴い、自分自身が少しずつ変わってきているのにも気が付くはずです。

世の中の多くの人たちは、大体がありふれた思考パターン、決まりきった判断しかしません。膠着《こうちゃく》し、代わり映えのしない自分の現状から一歩抜け出すには、ありふれた思考パターン、決まりきった決断から距離を置き、挑戦をしていく必要があります。**そのための自己投資として「生き金」を使うのです。これが人間的に成長するということではないでしょうか。**

非日常空間に身を置くことで訪れる「恵みの時間」

一度、この発想が身に付くと、多くの場面で自分磨きができるようになります。

私の例をいくつか紹介してみましょう。

海外旅行の帰りの飛行機の中は、発想力を磨くための格好のシチュエーションです。

海外で過ごした非日常の余韻に浸りながら、翌日からの仕事についてじっくりと考えます。するといつしか体の底のほうから、「また明日からやってやろう」「ここからもう1回頑張るぞ」というエネルギーが湧き出してくるのです。

わざわざ国際線に乗らなくても、国内で同じような時間を作ることもあります。何かに行き詰まり、どうしてもそれを打開するためのアイデアが欲しいとき、私はしばしば1人で箱根に出掛けます。滞在中は頭の中をなるべく整理して、シンプルな状態にしていくのです。

それがうまくできると、東京への帰り道で〝恵みの時間〟が訪れます。車を運転しながら色々と考えているうちに、どこからともなく魔法のようにインスピレーションが次から次へと降ってくるのです。

いつも同じ場所で、同じ顔触れとばかり接していると、新しいアイデアを生み出すのは至難のわざとなります。都会にいて、仕事ばかりしていても、頭の中は凝り固まっていく一方で柔軟な発想は生まれません。

こうした日常から脱するためにも、「生き金」を上手に使い、自分に合った方法で自己投資をすることをおすすめします。

お金の費用対効果

「生き金」という概念は、別の切り口から捉えると「費用対効果」を考えるということでもあります。

例えば食事の「費用対効果」を考えてみましょう。

仕事中に1人で食事をする場合、私はコンビニの弁当でも、ウーバーイーツでも十分だと思っています。

もちろん、贅沢をしようと思えば、毎日シェフに頼んで食事を作ってもらうことも可能です。しかし、費用対効果を考えたら、コストのほうが高くなりますし、リターンについてもなかなか際立ったものが頭に浮かんできません。こうなると、贅沢な食事をする気がしなくなるのです。

とはいえ、たまには気分転換も必要です。また、体にいい物を食べることを考えなくてはなりません。その場合は、お金を使うことを厭《いと》いません。

避けるべきなのは、ダラダラと目的を明確にしないまま贅沢を繰り返すことです。

これについては2つの理由があります。まずひとつめは、お金がもったいないということ。2つめは、毎日贅沢をしていると、感覚が麻痺してきて、そのありがたみがわからなくなるということです。贅沢が普通になってしまうと、いくらお金が掛かっていても飽きてきます。これほど恐ろしいことはありません。

アンチエイジングという投資

ヘルスケア業界に身を置いていることもあり、私は自分の健康やアンチエイジングのためにはお金に糸目は付けません。

先日、私はアンチエイジングの一環として幹細胞治療を受けました。この治療法は、再生医療を代表するものとして知られ、傷ついた臓器の再生を促すほか、若返りにも効果が期待できます。

治療の手順としては、自分の脂肪の中から幹細胞を採取したあと、それを培養し、再び自分の体の中に戻すというプロセスをたどります。私もこの手順に従って、脂肪を吸引してもらい、採取した幹細胞を培養したあと、冷凍保存してもらうことにしました。将来、それを体の中に再注入することで、若返り効果が得られるのです。

決して治療費は安くありませんが、これも自己投資のひとつです。

人は必ず老い、ある日死を迎えます。生きていられる時間には限りがあるのです。

しかし、若さをいつまでも保ち、末長く生きられるとしたら、自分に残された時間は長くなります。いくらお金があっても過去の時間を買い戻せませんが、若返りによって寿命を延ばし、将来の時間を延ばすことは可能です。

1億円を払えば確実に1歳若返ることができるというなら、世の中のお金持ちはこぞってその若返り法を買い求めるでしょう。

老化を少しでも遅らせることができるのなら、私はこれからもそれにお金を費やしていくつもりです。若さや将来の時間には、それほどまでの価値があるのです。

「お金持ちになれる人」と「なれない人」では「お金の使い方」が違う

お金を雑に扱う人は、お金から嫌われる

ある程度のお金を持つようになると、お金のありがたみを忘れがちになるものです。私の経験から言うと、お金を持てば持つほど、その傾向は強くなります。ただし、真のお金持ちになろうと思ったら、この傾向はすぐにでも矯正する必要があります。お金をたくさん持っているからといって、それを自慢して見せびらかしたりするのはやはり感心しません。

これに対して、「ちょっと待って！」と言う人もいるでしょう。なぜなら私自身が、

YouTubeなどで〝金持ち自慢〟のような動画を時折配信しているからです。しかしあれは、あくまでもエンタメとしての〝ネタ〟であり、日常の中でお金を見せびらかしたりはしません。

お金持ちと言われている人たちと一緒にいると、彼らがしばしば女性にお金を配ったり、食事会の帰りにタクシー代を手渡したりするのを見る機会があります。その光景を目の当たりにするたびに、私は大きな違和感を覚えます。

その理由は、そんなに簡単に人にお金をあげるものではないと考えているからです。

「単なるケチなのでは？」

こう思う人もいるかもしれません。しかし、それとはちょっと違います。お金を安易に人に配る行為は、お金を粗末に扱っている気がするのです。**こうした行為が積み重なっていくと、お金を大切にする気持ちは薄れていきますし、またお金のほうも逃げていきます。**

〝お金を配るお金持ち〟というと、多くの人が実業家の前澤友作さんを思い浮かべるかもしれません。とはいえ前澤さんは、自身の発信力を高めるために「お金配り」をしているだけで、普段の生活の中でむやみにお金を見せびらかしているわけではないはずです。

実は、お金を粗末に扱う人はお金持ちだけに限ったことではありません。むしろ、お金持ちでない人のほうが、お金を雑に扱う傾向が強かったりもします。

お金は本来、1円たりとも無駄にしてはいけません。その感覚を失った瞬間から、お金はゆっくり、ゆっくりと離れていきます。

小金が貯まった途端、飲食店で散財したり、酔った勢いでキャバクラへ行き、お金を湯水のように使ってしまった経験はないでしょうか。これらは、お金を粗末に扱う人たちの典型的なパターンです。

私自身も、気を緩めるとお金を雑に扱いがちな性分なので、いつも気を付けるようにしています。

「お金持ちを3年続けるのは難しい」

こんなことがよく言われているようです。飲食店やバー、クラブなどで見境もなくお金を使うようになったら、その人は早晩、お金で苦労するようになると考えて間違いないでしょう。

1円にしがみつくようでないと、お金をいくら持っていても、お金は自分に寄り付いてくれないものなのです。

雑な使い方を避ける方法

「お金を雑に扱うな」というのは、「お金を使ってはいけない」という意味ではありません。

「このお金を使うことで、自分にはどのようなリターンがあるのだろうか?」

お金を使うときは、このように意識的に自分に問い掛けてみることが大切です。

その際、ひとつもリターンを見込めないようなら、間違ったお金の使い方をしていると考えていいでしょう。

食事会の帰りに女性にタクシー代を渡した場合、何らかのリターンを見込めるでしょうか? そこで答えが「イエス」でないのなら、それは間違ったお金の使い方かもしれません。

では、酔った勢いで訪れたキャバクラでお金を使いまくるのはどうでしょう?

こうした形で一度間《ま》を置き、自分に問い掛けるようにしてください。

かつて私も、女性を家まで送る代わりに、タクシーに乗せて帰ってもらうことがよくありました。ただし、このときは必ずタクシーチケットを手渡して、それで支払いを済ませてもらうようにしていました。

現金でタクシー代を手渡すのと、タクシーチケットを手渡すのとでは、用途としては同じでも、実際には大きな違いがあります。

現金の場合、手渡した形跡は残りませんし、もしかしたら額が多すぎてしまうかもしれません。もしくは少なすぎて、相手が困る場合もあるでしょう。一方、タクシーチケットを渡す場合は、いくら使ったかをあとからしっかりと把握できるというメリットがあります。しかも、何となくお金を使うのとは違い、確実に人を家まで送り届けるために使ったという目的が明確化されるので、お金の管理という面でも好都合です。

理由が不明のままお金をばらまくような行為を繰り返すと、心の中に必ずほころびが生まれます。いつしかそれが大きくなり、取り返しのつかない事態に陥るかもしれません。それだけは避けるようにしましょう。

お金を呼び寄せるための財布の使い方

お金の使い方のみならず、お金そのものの取り扱い方にも注意するといいでしょう。**例えば、私がいつも行っているのは、お札を財布にしまうときに券種と裏表をしっかりとそろえ、券面の人物の頭が財布の奥に入るようにすることです。**以前に「お金が貯まる人の習慣」という内容の記事を読み、共感するところがあったので自分でも始めてみました。

お札をそろえて財布に入れたからといって、それだけでお金が稼げるわけではありません。しかし、お札を財布から出し入れするたびに、お金を敬う気持ちを養えるという利点はあります。お金を貯めるには、こうした小さな行動を繰り返し、意識を変えていくといいでしょう。

自分が普段、お金をどのように扱っているか一度確認してみてください。

部屋のあちこちに小銭が散らかっていませんか？

財布にしまってあるお札の四隅が折れ曲がったりしていませんか？

机の引き出しの中にお札を乱雑に突っ込んでいたりしていませんか？

お金を貯めたいと思ったら、お金が喜んでくれるような環境を身の回りに整えることが大切です。

「借金」してでも投資

「お金の使い方」と言えば「借金」も重要な要素です。

私の会社は、創業以来、大きな借金をしたことがありません。

これを話すと、色々な人から「素晴らしい」と言われます。

私には、どこか臆病で物事に対して慎重になりがちな傾向があり、借金を背負ってリスクを膨らますことに抵抗がありました。これが無借金で通してきた理由です。

幸い、借金を必要とする場面に陥ることもなく、無借金経営を継続してきました。

ただし、「もっと若いときに借金をしておけばよかったかな」と思うことはあります。

人からお金を借りられるというのは、十分な信用があるという証拠です。もしも私に借金をする度胸があったら、借りた資金をレバレッジとして使い、今よりももっと大きな会社を作れていたかもしれません。もしそうなっていたら、今見ている景色とは異なるものが目の前に広がっていたでしょう。

後悔先に立たず……。今さら何を言っても始まりませんが、臆病になりすぎて、思い切ったコミットができなかったのです。**事業拡大を狙うのであれば、お金を借りるという方法はおすすめできる選択肢のひとつだと思います。**

一方、他社からの出資の受け入れについては、これまでも積極的にお願いしてきました。ただし、出資の受け入れは借金とは性質が異なるので、同一視はできません。借金について考えたとき、当然ながら期限までに決められた金額を返済しなくてはならないため、出資を受けるよりも「お金」に対して真剣になれるというメリットがあるのではないでしょうか。

何かを成し遂げようと思ったとき、この真剣さが最後にものをいうと私は考えてい

ます。**自分の奥底から「真剣さ」を引き出したいと思うのであれば、思い切って借金をする方法を選ぶのも間違いではありません。**

これまでお金について否定的な意見を色々と述べてきましたが、未来を切り開くために使われるお金（借金）については、私は肯定的な意見を持っています。

「常識」と「世間体」を捨てた人には笑えるほどの成功が降ってくる

TIME IS MONEY
CHAPTER 4

最速で成功する方法は「ブランディング力」を高めること

ブランド品を買いあさるのは「生き金」か？

過去に私は、ブランド品を買いあさり、〝歩くブランド〟と言われるほどブランド品に囲まれた生活を送っていました。今振り返ると、「バカバカしかったな」とも思いますが、当時の事情を考えると、あれはあれで正しい行動だったと思います。

あの時期、私がブランド品を買いまくっていたのは、自分がお金持ちであることを世間に証明するためでもありました。どうしてそんなことを証明しようとしたのかというと、周囲から聞こえてくる声が気になっていたからです。

「20代であんなに儲かっているわけがない。後ろに金主がいて、あいつは操られているだけだ」

「本当はお金がないのに、あるふりをしているだけだ」

こんな噂がまことしやかに一人歩きし、誰も私のビジネスの成功を信じてくれませんでした。

（自分の力でつかんだ成功なのに、誰もそれを認めてくれない……）

自尊心を傷つけられた私は、ブランド品をこれでもかというほど買いあさり、自分が〝真の成功者〟であることを証明しようとしていたのです。

当時はインスタグラムがちょうど流行り始めたころでした。その勢いも相まって、ブランド品をまとった画像を載せるだけで、フォロワー数とアクセス数が増えるような状況でした。それによって自分なりに自尊心を取り戻そうとしていたのです。

残念ながらその後、偽物ブランドを身にまとって登場する人や、私のようにブランド品を着飾った画像を投稿するインフルエンサーが増えるにつれて、その手の人たちには〝怪しい〟というレッテルが貼られるようになり、ブランド品を見せつける手法は廃れていきます。しかし、そうなる前までは、ブランド品で固めた自分の姿を投稿するだけで、びっくりするほどの反応が得られたのです。

ブランド品が持つパワー

私が積極的にブランド品を買いあさっていた背景には、もうひとつの理由があります。**ブランド品を身に着けている自分を見せることで、ビジネス上のメリットを得られたのです。**

例えば、取引先の人との交渉が難航しているときに、ダイヤモンドがちりばめられた時計をさりげなく見せるだけで、相手にインパクトを与え、その後の交渉を有利に進められたりしました。まだ若かった私にとって、ブランド品は自らの信用を高めるためのツールのひとつだったのです。

ブランド品をこれ見よがしに身に着けている人は逆にみっともない――。

こんな風潮があるのは知っています。

しかし、実際の世界では、そんな風潮に振り回されている余裕はありません。すでに述べたように、ビジネスは市場を奪い合う戦争のようなものなのです。

その中で有利なポジションを取ろうと思えば、相手をひるませるための工夫が不可欠になります。特にビジネスを立ち上げてすぐのころは戦力も乏しく、人一倍踏ん張らないと、ライバルたちの餌食になってしまうものです。やはりそこは弱肉強食の世界ですから、どんな手を使ってでも生き残りに全力を注がなくてはなりません。

経営者としてはまだ駆け出しの私にとって、ブランド品はいわば〝鎧《よろい》〟のようなものだったといえます。こうした考えが根底にあったので、ブランド品で身を固めるという行為は間違っていなかったと思っています。

ブランド品の威力よりもパワフルなものとは？

ただし今となっては、かつてのような派手な時計をしたり、ダイヤモンドのネックレスやブレスレットを身に着けたりすることはありません。ブランド服は着ていても、それをひけらかしたりもしなくなりました。ありがたいことに、ブランド品で身を固めなくても、信用してもらえるようになったからです。

ブランド品で身を固めていたのは、自己顕示欲を満たすためでもあったのは間違いありません。その証拠に、ある程度有名になり、自己顕示欲をあまり感じなくなった時点で、一気にブランド品に興味がなくなっていきました。人間の心理というのは、つくづく面白いものだと思います。今ではブランド品で身を固めている若者を見ると、「ちょっと痛いな」という目で見てしまうくらいです。

もちろん自分も経験したことなので批判はできません。ただし、そう思うようになったのは、自分が変化した証拠でしょう。

どうしてこの話をしているのかと言うと、世間での自分の知名度が上がっていくにつれて、ブランド品のパワーよりも知名度のほうがはるかに勝るという事実に気が付いたからです。そもそも自分自身に知名度があれば、ブランド品の威を借る必要はありません。さらに、一から自分のことを説明する手間も省けます。

要するに、「知名度」というのはそれ自体がブランドなのです。

私がここで伝えたいのは、「有名になって、よかった」という話ではありません。

経営者の立場で考えた場合、「知名度」は様々な場面で大きな武器になるということをお伝えしたいのです。

「知名度」の持つ圧倒的な力

例をひとつ、紹介してみましょう。

今、私の会社で求人を出すと、際限がないくらいの勢いで応募が殺到します。しかも、優秀な経歴を持った人たちが関心を持ってくれるのです。

世の中には、年商数兆円、数千億円規模の大企業がたくさんあります。一方、私の会社はどうでしょう。年商数兆円、数千億円の会社に比べると格段にランクが下がり、年商数百億円レベルの、吹けば飛ぶような会社です。さらに私の経営する会社の名前を言える人はほとんどいません。両者には、天と地ほどの差があるのです。

ベンチャーを狙っている人でない限り、年商数兆円、数千億円規模の企業への就職を目指すのが普通だと考えるべきでしょう。

この点では、私が経営するような中小企業は、何十年かかっても、大企業に追いつくのは難しい。しかし、何か特別な方法を用いれば、もしかしたら彼らに勝てる局面があるかもしれない……。色々と考え続けた結果、「社長の知名度で勝負しよう」というアイデアが生まれたのです。

実際のところ、日本人の誰もが知るような大企業の中で社長の名前を言えるところはどれだけあるでしょうか。社名は知っていても、社長の名前を言える企業はそれほど多くはないはずです。

一方、私の会社には「社長の知名度」という強みがあります。この点で勝負をしたとき、僭越《せんえつ》ながら大企業よりも私の会社のほうが勝るケースが出てくるのです。

このように、知名度の力というのはとてつもなく強力なのです。

まずは「フォロワー1万人」を目指そう

「起業をしたいけど、原資がない」

「そもそも自己投資をするための資金がない」

こういう悩みを抱えて、何もできずに立ち止まっている人もいるでしょう。

そのような人たちに私が伝えたいのは、「どんな方法でもいいのでまずは自分の知名度を上げてください」ということに尽きます。

私の会社は「知名度」を武器に優秀な人材を集められるようになりました。このように、知名度を上げるだけで必ず何かしらのメリットが得られます。

今なら、ツイッター、インスタグラム、ＹｏｕＴｕｂｅ、ＴｉｋＴｏｋなど、知名度や影響力を上げるためのツールがいくらでも存在するのです。しかもそれらのどれもが初期投資ゼロで始められます。

もちろん私のように、いきなり「青汁劇場」のような過激なことをやれというわけではありません。まずは自分の好きなこと、得意なジャンルからスタートして、少しずつ実績を積んでいってください。その作業の積み重ねが知名度につながっていきます。私自身も実際にそうでした。

どのSNSでもいいので、まずは1万人を目指してください。1万人を達成できれば、それなりの知名度があると判断されます。

最初から広範囲に向けてメッセージを発する必要はありません。それをするのはハードルが高いですし、多くの人にメッセージを届けるには時間もかかります。

仮にあなたが経営者として成功をつかみたいと考えているのなら、自分のビジネスの領域に限定し、まずはスモールサイズでいいので有名になることを目指しましょう。

たとえ業界内であっても知名度が上がりさえすれば、自分にとってメリットのある出会いは確実に増えます。

会社員も「1万人のフォロワー」がいれば飛躍できる

一方、会社員の方であれば、1万人のフォロワーを確保するだけで自らのキャリアバリューは上がるはずです。

最近の採用の現場では「ツイッターのフォロワーは何人いますか」と聞く企業が増えています。どの会社も、採用対象者のSNSによる発信力を重視しているのです。**経営者目線で言うと、SNSのフォロワーがいるということはマーケティングのスキルが高い可能性を示しており、それだけで評価がしやすくなります。**超有名になる必要はありません。狙うべきなのは、狭い範囲でもいいので知名度や影響力を上げることです。それが何より自分のブランド力となり、価値を上げていきます。

スタート時は苦労するかもしれませんが、それでも途中であきらめずにコツコツと続けてみることをおすすめします。

誰の元にも訪れる「千載一遇のチャンス」をつかむために

「チャンスを逃してしまう人」と「生かせる人」の違いは何か

あなたがもし、ビジネスで成功したり、幸福感に包まれた生活をしたいと思っているのであれば、常に心しておいてほしいことがあります。

それは「優先順位」です。

この意識がないと、成功もできなければ、満足のいく人生も送れません。

実例を挙げてみましょう。

私のところには、「どうしても三崎さんに会いたいので、お時間をください。仕事の相談に乗ってほしいのです」という依頼がしばしば寄せられます。

最近は多忙のせいでお断りするケースが増えましたが、以前は実際にお会いして話を聞き、私なりにアドバイスをしていました。

私はコンサルタントではありませんが、人助けができればいいかなと思い、ボランティアで会っていたのです。

「○月×日であれば、時間が取れそうです。ご都合はいかがですか？」

時間の都合が付きそうな日があると、先方にメールを返します。

ところが、「その日はちょっと用事があって、会えそうにありません」という内容の返信をしてくる人がたまにいるのです。

この種の返信を見るたびに、「『どうしても会いたい』というのはウソだったんだな」と思わされます。仮にその人が本気で私に会いたいと思っているなら、「私に会うこと」を優先順位のトップにしてスケジュールを調整するはずだからです。

人生には、「千載一遇のチャンス」というものが存在します。成功したいと思うのなら、この絶好の機会を逃すべきではありません。ところが実際には、せっかくのチャンスを無駄にしてしまう人が大勢います。

成功を手にしたいのであれば、転がり込んできたチャンスにはどんなことがあっても全力で食らいついていく貪欲さが必要です。私自身も「これは好機だ」と思ったら、すぐに優先順位の入れ替えをして、目の前のチャンスをつかみにいきます。

どんな人にも「今しかない」という絶好の機会が訪れるときがあります。それを確実につかめるかどうかが成功のカギとなるのです。

優先順位はどう決めればいいか

優先順位に重点を置いたスケジュール作りをするには、「期待値」という視点を取り入れるといいでしょう。

「この予定をこなすと、自分にはどういうメリットがあるか」

「この仕事は自分の成長につながるか」

こうした観点から、物事の優先順位を決めていきます。

とはいえ、優先順位をつけるのはそう簡単ではありません。私が思うに、日本人には特に難しいのではないでしょうか。

私たちは、やはり基本的に律儀なのです。これは素晴らしいことでもある一方で、「律儀さ」という概念に引っ張られすぎてしまう一面もあります。そのせいで、一度交わした約束を守ろうと必死になり、優先順位の思い切った入れ替えができないという欠点を抱え込んでしまうのです。

約束を守ることは、単眼的に見れば素晴らしいのは間違いありません。ただし、場合によっては機会喪失にもつながりかねないのです。

先約よりも大切な用件が急遽《きゅうきょ》入ってきたら、相手に頭を下げてでも予定をずらしてもらうほうがチャンスを無駄にせずに済むケースもあるでしょう。

自分の人生にとってプラスになりそうな食事会に招待されたら、仮に先約があっても柔軟に優先順位を入れ替えて、その場面でより優先させるべき物事に時間を費やすべきです。

「成功」のためにはなりふり構うな

打算は決して悪いことではない

先ほど、「私にどうしても会いたい」と申し込みながら、あとになって面会を断る人たちの話をしました。断ったのは、もしかしたら私と会うよりも優先させるべき事柄があったのかもしれません。

仮にそうであれば、その人は正しい判断をしたと思います。**しかし、ただ単に調整可能な予定を優先させただけならば、「機会の喪失」と言っていいでしょう。**

こんな話をすると、「打算的だ」と眉をひそめる人がいるかもしれません。

しかし、打算的で何が悪いのでしょうか。「打算的なのはダメ」という発想が強すぎれば、優先順位を入れ替えることも難しくなってしまいます。こうなると、もはや窮屈な感じしかしません。

とはいえ、こうしたガチガチの価値観に縛られた人たちが日本には多いからこそ、そこからはみ出した瞬間、「大多数とは異なる特別な存在」に昇華でき、簡単に成功をつかめるというメリットがあるのも事実です。この点をしっかりと押さえると、日本ほど成功するのが簡単なところはないとさえ思えてきます。

日本には昔から存在する慣習が数多くあり、多くの人たちは、知らず知らずのうちにそれらの慣習に盲従しながら生活しています。そのおかげで争いの少ない平穏な生活が保たれているのかもしれません。しかし、同時に閉塞感や非効率性、不合理性を至るところで生み出しているようにも見えます。

そうした非効率性や不合理性を横目に眺めながら、自分だけ徹底的に合理性を追求していけば、驚くほど簡単に他者との競争に打ち勝ち、成功を手にすることができるはずです。日本の社会には、こうしたチャンスがあちこちに転がっています。

それまでの固定観念に疑問を持たず、もしくは持っていても異議を唱えることをしないまま、「どうしたら成功できるだろうか」と考えていても、なかなか壁は打ち破れません。従来式の古い枠組みの中に閉じこもったまま、成功を収めるのは実に難しいのです。

「成功するのは難しい」
「社会の目が厳しくて息苦しい」
「世の中は甘くない」

こうした不満を口にする人がたくさんいます。しかし私は、「成功するのは難しい」とも、「社会の目は厳しい」とも、「世の中は甘くない」とも思いません。そう思ってしまうなら、それは「井の中の蛙《かわず》」的な考えです。

もしも本気で成功を手に入れたいのなら、今すぐに〝井の中〟から飛び出すことです。周りの目や意見に惑わされず、効率的で合理的な判断をしながら生きていくように努めてください。それをした途端、世の中の見え方が変わります。その段階にたどり着くだけで、すでに成功をつかみ取る可能性は数倍高まっているはずです。

「成功」に向かって最短距離を走れ

このところの世界的な風潮として、会社経営をするのであれば、ビジネスを成功させるのと同時に、社会貢献も盛んに行わなければならないという〝圧〟が強くなってきている気がします。あたかもそれは、「社会的責任を果たさなければ、お金持ちになる資格はない」といっているかのようです。

しかし正直な話として、社会貢献を念頭において起業する人はほぼ皆無と言っていいのではないでしょうか。どんな経営者であっても、ビジネスを立ち上げたばかりのときは社会貢献を考えるような余裕はないはずです。仮にそちらに関心を向けているようであれば、逆にビジネスでの成功は難しいでしょう。

ビジネスで成功するというのは、本来、とても泥臭いものなのです。「社会のために……」「世の中がよくなるように……」などという考えをビジョンとして掲げている会社もあるかもしれませんが、それらのほとんどは建前であり、間違いなく本音は「まずは稼ぐ」「収益を上げる」という点にあります。

再度強調しますが、ビジネスは戦争なのです。表向きはどうであれ、中身に泥臭さがなければ経営者としては成功できません。しかし、その泥臭さを表に出した瞬間、世間から一斉に批判されてしまうケースが多々あります。それをわかっているから、ほとんどの経営者が本来の中身を隠し、きれいごとしか言いません。

ビジネスで成功したいのであれば、回り道をしないことです。ビジネスは泥臭いものという事実を受け入れて、とことん貪欲になる。それが成功を手にする際の最短距離です。うわべを飾るためにきれいごとを言っている暇はありません。

周りの目を気にせず、目的に向かって一目散に走ることができれば、ビジネスの世界における領土を素早く獲得できるでしょう。社会貢献などの〝きれいごと〟を述べるのは、大成功を収め、不動のポジションを得てからでも遅くはないのです。

挑戦しない人には永遠に成功はやってこない

成功をものにするには、挑戦することが欠かせません。それまでの固定観念を突き

壊し、新たな挑戦することなしに大きな成功は望めないのです。

日本の状況を見ていると、挑戦すれば勝てる確率が高いにもかかわらず、失敗を恐れて挑戦を避けている人が多いと思います。そもそも、何かに挑戦すること自体をリスクと捉え、否定する空気があるくらいなのです。

ただし、私はその風潮がゼロになることを望んでいません。むしろ、その風潮がより強くなるのを期待しています。なぜなら、そうした社会だからこそ、競争が激化しない環境が保たれ、その一方で、挑戦しさえすれば簡単に勝てるという状況が手つかずのまま残り続けるからです。

「成功」と一概に言っても、どれほどのものを指すのかは人によって差があるでしょう。**いずれにしても、挑戦する人がかなり少ない日本の社会では、思い切って挑戦さえすれば、挑戦をしない者たちを押しのけて成功する確率は高くなるのです。**

周囲の人たちが同調圧力によって萎縮しているのを横目で眺めながら、人と異なることを恐れずに、自分を周りから切り離して一生懸命努力をしてください。たったそれだけで、あなたが成功する可能性は一気に跳ね上がります。

もうひとつ大事なのは「執着心」

成功をつかむために必要なもうひとつの事柄は、「執着心」です。執念と言い換えてもいいかもしれません。執着心や執念を持つことは、とても大事です。

成功に対する私の執着心はかなり高いと言えます。挫折や失敗を繰り返しながらも今の地位にいられるのは、執着心を絶やさなかったからです。

この執着心の原動力になっているのは、コンプレックスと言っていいでしょう。若くして北海道から上京した私は、常に劣等感を背負いながら過ごしてきました。その鬱屈した気持ちの中でたぎらせていたのは、「いつか見返してやる」という反骨精神だったのです。それがあったからこそ、逆境に追い込まれてもくじけることなく復活を果たせました。

(今は苦しくてつらいけど、いつか「あの苦労は無駄じゃなかった」と思えるようになってみせる)

そう言い聞かせながら、自分自身を支え続けたのです。

どんな逆境にあったとしても、最後まであきらめずに前を向いていれば、確実に何かが変わっていきます。自分が置かれた状況が変化していく様子を一度体験すると、誰もが避けては通れない逆境への恐怖心は薄らいでいくでしょう。**たとえ逆境に陥ったとしても、それをうまくやり過ごしたあとには、必ずプラスとなる何かを得られるものなのです。**

「少数派」であることは強力な武器である

「学歴がない」

「就職に失敗した」

「失業した」

こうした悩みを抱えている人がいるかもしれません。しかし、これらは単に「今の状況」を切り取っているだけであり、そもそも悩む必要はないのです。

学歴に関しては、私自身、高校を二度中退したあと、単位制の高校をどうにか卒業したという経歴しか持ち合わせていません。しかしむしろ今では、「しまった、何で高校なんか卒業してしまったのだろう」と思うくらいです。

学歴なんかに振り回されず、中卒のままだったら、確実に大多数の人と異なる経歴を持つことができました。圧倒的少数派である「中卒」を武器にできたのです。

多くの人たちは「中卒」という経歴をネガティブに受け取るかもしれません。しかしそれは間違っています。世間の大多数の考えに逆行すればするほど希少価値はどんどん高まり、結局はそれが「武器」になるのです。

このことにいまだ気づかず、大多数の人と違うからといって多くの人が悩んでいます。**もしも自分が「大多数とは異なる少数派」だと思ったら、それはあなたが強力な武器を持っている証《あかし》だと思ってください。**

成功するための時間管理術

お金持ちは「時間の使い方」にド真剣である

CHAPTER3でも述べましたが、すべての人に与えられている1日の長さは24時間しかありません。この中で差をつけるには、この24時間をいかに効率的に使うかを考えていくことが重要になります。

成功する経営者の多くは、普段から効率的に時間を使うように努めています。彼らの関心事は、いかに時間を無駄にしないかに絞られると言ってもいいでしょう。ビジネスで成功しようと思ったら、時間の効率化について絶対に敏感であるべきです。

成功者やお金持ちと言われている人たちの生活を見ているとよくわかるのですが、彼らはとにかく「時間」を大切にしています。

大富豪と言われる人たちが、プライベートジェットで移動するのは、見栄を張ったり、自慢をしたりするためだけでなく、純粋に「時間を効率的に使いたい」という気持ちが強いからでしょう。

稼げる力が付いてくると、時間とお金はより密接な関係を持つようになります。時間を効率的に使えば使うほど、節約できた時間をお金に換えていけるのです。

お金では買えない「時間」という価値

私自身、今になって若いころの時間の大切さを身に染みて実感しています。もしも可能であれば、若かったころの自分に語り掛けたいくらいです。

「どうして今、一生懸命頑張っていないんだ?」

「英語の勉強を頑張れば、将来絶対に役に立つとわかっているのに、どうして勉強しようとしないんだ?」

「自己投資をそっちのけにして、どうして毎晩飲み歩いているんだ？」

堕落していた生活を振り返るたびに、後悔の念は一層強くなっていきます。

「あの1日を返してほしい」

そんなふうに思うこともあるのです。

ただし、いくら過去を悔いてもどうなるわけでもありません。

10年後、「あのとき、いったい何をやっていたんだろう」と後悔しないためには、今この瞬間を無駄にせず、1秒1秒を大切にして前に進んでいくしか方法はないのです。

単なる言葉として知るのではなく、今の時点で「時間の大切さ」「価値の大きさ」について身をもって気付けたのは実に幸運であり、私の将来にとって大きな財産になったと思います。

2億円をかけて行った時間の効率化

度が過ぎている部分があるかもしれませんが、実際に私が行っている時間の効率化について紹介してみましょう。

まずは、自分でやらなくていいことは、なるべく誰かにやってもらうようにしています。例えば、家事に時間を費やしたくないので、掃除や洗濯はすべて家政婦さん任せです。

時間の効率化を図るため、住居にもかなり気を配っています。今住んでいる家は、2年前に引っ越してきました。この家に関しては、すでに約2億円をかけて改装を行っています。より一層の時間の効率化を図るために、改装によって生活のほとんどを自宅で完結できるようにしたのです。

日頃の疲れを癒やすために、私はそれまでサウナに出掛けていました。その時間を短縮するために、自宅内にサウナを完備しています。また、お酒を飲むために繁華街のバーに行く時間も短縮しようと考え、自宅内にバーも作りました。もちろん、建物内ですべての仕事ができるよう、オフィス機能も整えています。

これらはすべて時間を効率的に使うためで、無駄に贅沢をしたいわけではありません。

時間の効率化というテーマからは少し逸れますが、改装のために2億円もの資金を投入すると決めたのは、この家と自分の相性がいいと思ったからです。

私は、自分の住む家にこだわりを持っており、自宅には思い出や物語性を求める傾向があります。ここに引っ越してくる前、私は同じ東京都区内の高級賃貸マンションに住んでいました。ところが、そこに住んでいる間に国税局に捜査に入られたりするなど、いいことがまったくなかったのです。私はすぐに相性や運気の悪さを感じ、次の物件を見つけて引っ越すことを検討し始めました。色々なところを見て回った結果、ようやく今の家にたどり着いたのです。

ありがたいことにここに移ってきてからビジネスも順調で、YouTubeなどの活動も軌道に乗ってきました。この場所との相性のよさを感じた私は、腰を据えるために改装に乗り出したのです。

このままこの家に住みながら、さらにいいことが続いたら、私はこの家を「いい思い出の家」として買い上げようと考えています。立地がとてもいいので、市場価格でおそらく30億円ほどになるでしょう。それぐらいの額をすぐに出してもビクともしないくらいの基盤を整えるため、日々頑張っているところです。

成功者は運気も味方につけている

運気を高める方法

私は〝運気〟にも注目しています。なぜなら、運気の良し悪しによって、目の前のチャンスをつかめるかどうかが大きく左右されると考えているからです。

運気を高めるために私はしばしば神社やお寺に参拝します。そこで**〝運気の調整〟**をするのです。

参拝と言っても、私の場合、宗教的な意味はほとんどありません。静かで荘厳な雰囲気の漂う境内に足を踏み入れて、平穏な気持ちを取り戻すことが第一の目的です。

気持ちが十分落ち着いたところで、仕事のことや興味を持っていることなどについて考えてみます。それをするだけで自分を取り巻く状況が見えるようになり、運気が上がっていく気がするのです。言ってみれば、一種の瞑想《めいそう》に近いのかもしれません。

寺社に参拝することの効能について、「科学的に説明しろ」と言われても、私にはできません。**それでも定期的に参拝に出掛ける理由は、参拝によって「根拠のない自信」が芽生えてくるからです。**運気の調整に、特別大がかりな仕掛けは必要ありません。参拝のような日常の些細《ささい》な行動によって十分調整できると私は考えています。

私が今でも「パチンコ」をする理由

運気の調整の方法として、かなり風変わりな別の方法を取り入れることもあります。万人向けとは言い難いかもしれませんが、お伝えしておきましょう。

「最近ツイてないなあ」「調子が悪いな」と感じたとき、私はパチンコに行くようにしています。パチンコをしたことがある人ならわかると思いますが、正直言ってパチンコで勝つのは難しく、負けてしまうことがほとんどです。しかし、私はあえてパチンコに負けに行きます。**負けることで〝運気の調整〟をするのです。**

どんなに優秀な人でも、常に成功を収めることはできません。失敗と成功を繰り返しながら〝勝率〟を上げていくしかないのです。

気持ちの問題と言われれば、確かにそのとおりだと思います。ただし私の個人的な心理としては、**パチンコで負けることで、その次に待ち構えるパチンコ以外の大きな勝負で結果を出すという〝願掛け〟をしているつもりなのです。**したがって、パチンコに行ったとしても、数千円しか使いません。仮にここで十数万円使ってしまうようなら雑なお金の使い方そのものになってしまうので、それは絶対に避けます。

パチンコをするというのは、ある種の〝おまじない〟みたいなものなので、決しておすすめはしません。あくまでも、成功に対する意識を強化するための風変わりな例のひとつとして受け取ってもらえると幸いです。

小さなピンチを故意に作ることで「大きなチャンス」が巡ってくる！

パチンコにわざと負けに行くという運気の調整法を行っているのは、おそらく私の

根底に「ピンチはチャンスに変わる」という考え方があるからでしょう。「パチンコに行くなんてバカげている」と思うかもしれませんが、私なりの経験を踏まえた上での方法なのです。

以前の私は、大きなピンチが訪れるとすぐにげんなりして、「もうダメだ」と弱気になる傾向がありました。しかし数々のピンチを乗り越えて、それらをチャンスに変えてきた結果、**最近では「ピンチの次にはチャンスがくる」と確信できるようになっています。自分流のこの法則を信じ、パチンコに行って〝小さなピンチ〟を故意に作り出すことで、チャンスを引き寄せようとしているのです。**

ピンチとチャンスの場面を繰り返していると、マイナス局面からプラス局面へと変わっていく潮目が読めるようになっていきます。現時点では明確な言葉で説明できないのがもどかしいところですが、「おっ、来たぞ」という流れを感じるのです。

おそらくこれも意識の問題なのかもしれません。「必ずチャンスに変えてやる」という姿勢があると、たとえピンチが起きても、それをチャンスに変えようとするものです。結果として、どんな苦境も乗り越えられ、自分にとって好ましい状況を作り出せます。その状態であとから後ろを振り向くと、欲しいものがすべて手に入っている。

これを繰り返すことで成功が得られるのです。

「ピンチ」と「チャンス」の入れ替わりをうまく操るには、自分の中に架空の〝スイッチ〟を作るといいでしょう。

例えば、ピンチがやってきたと思ったら、架空のスイッチをオンにして、状況がプラスになるまでとにかく努力を続けるようにします。その後、実際にピンチを乗り越えられたら、それを成功体験として頭の中にインプットしていくのです。

これを何度か繰り返していくと、**ピンチの到来→スイッチを入れる→ピンチを乗り越える→チャンスの到来、**という流れが徐々に定着していきます。こうなると、どんな大きなピンチが訪れようとも、過去の記憶が呼び覚まされて「次も大丈夫」と思えるようになるでしょう。

ピンチの度合いが大きければ大きいほど、プラスに転じたときの跳ね返りは大きくなるものです。したがって、どれだけ深刻なピンチが到来しても、恐れる必要はありません。一番大事なのは、状況が好転する前にあきらめてしまわないこと。このことをしっかりと覚えておきましょう。

成功している人は必ず「先行投資」をしている

10万円あったら何に使いますか？

もしも今、10万円というお金が突如舞い込んできたら、あなたなら何に使いますか？

10万円という金額は、大金というわけではありません。しかし、決して少額ではないため、目の前にある10万円をどう使うかを見ることで、その人のお金に対する姿勢が浮かび上がってきます。

将来、今以上の成功を手に入れたいと考えているのであれば、やはり自分の未来に向けて投資するのがベストです。興味のある分野の本を買ってみたり、もしくはスマホしか持っていないのであれば、パソコンを買ってみたりしてもいいでしょう。

10万円をうまく使いこなせる人は、金額が1000万円や1億円になってもおそらく上手に使いこなせます。

最悪なのは、「遊びのために使っちゃいました」というパターンです。しかも、どの遊びにどれくらい使ったのかさえもわからないようであれば、もはや絶望的と言ってもいいでしょう。

起業をする前の高校2年生のころ、私はいつも金欠の状態で、少ないお金でどうにかやりくりしていました。

あるとき財布の中身を見ると、千円札が1枚しか残っていません。「このままじゃ今月は厳しいな」と危機感を覚えた直後、ふと顔を上げて辺りを眺めると、パチンコ店が視界に入ってきました。

（パチンコで一攫《いっかく》千金を狙ってみるか……）

男子高校生特有の浅はかさに完全に支配された私は、本来なら年齢的に入店が違法であるパチンコ店の自動ドアの中に吸い込まれていったのです。

人生初のパチンコ。私は全財産を賭けてみることにします。すると、ビギナーズラックに恵まれたのか、全財産1000円のうち、500円ほどを費やしたところで大当たりを引くのです。喜んでいるうちに玉はみるみる増え続け、換金してみると、なんと16万円もの大金になっていました。

月商400万円を生み出した1台のパソコン

高校2年生の私にとって、16万円はそれまでに見たこともないような大金です。何に使ったらいいかわからずに、あれこれと考えを巡らしました。

このとき、もしもこの16万円を好きなものの購入や遊びのために使ってしまったら、今の自分は絶対になかったと思います。

このお金は、天から降ってきたようなものだから、自分のためになりそうなものを買おう——。

そんなことをおぼろげながら感じ、パソコンを買うことにしたのです。

結果的に、この決断がすべての始まりとなりました。

その後、12万円ほどのパソコンを購入し、勉強しながら少しずつアフィリエイトをスタートさせるのです。

この例は極端かもしれませんが、こういう転機は、誰の身にも周期的に起きているのではないでしょうか。肝心なのは、その転機を上手につかむことができるかどうかだと思います。幸い、私はその転機をつかみ取りました。

パソコンを購入すると、私はそれに完全にのめり込み、その1年後には月に400万円ほど稼ぐようになります。

別に私に特別な能力があったわけではありません。ただ単に転機を無駄にしなかっただけです。月に400万円を稼げるようになるまで、「将来、ビジネスで成功できる」と思ったことは一度もありませんでした。

先ほども言ったように、こうした転機は誰にでも起きています。そしてその転機をつかめた者だけが、後年「あのときがすべての始まりだった」と語れるのです。

日常の些細な出来事であっても、何かを感じたらそれを見過ごさずに、少しだけでいいので深掘りしてみてください。その瞬間は、何の意味があるのか見えてこないかもしれません。しかしそれが、何年後かに「すべての始まり」になる可能性は十分にあるのです。

TIME IS MONEY

CHAPTER 5

元手ゼロ、スキルゼロから成功できるビジネスの具体的提案

少ない初期投資で始められるビジネスとは？

リスクの少ないアフィリエイト

本章では、これから起業してビジネスを始めようという方たちに向けて私なりのアドバイスをしてみたいと思います。

まず、起業の成功率を高めたいのであれば、すぐに会社を設立するような大掛かりなことをするのではなく、ゼロに等しいくらいの初期投資で始められるようなビジネスを考えてください。

私がおすすめするのは、やはりアフィリエイトです。

アフィリエイトというのは、自分で作ったサイトにアフィリエイト・サービス・プロバイダ（ＡＳＰ）から提供してもらった広告を掲載し、そこを入り口にして商品やサービスを購入してもらい、成功報酬を受け取るネット広告のことをいいます。

このアフィリエイトは、サイトを設置するためのドメイン代とレンタルサーバー代さえ払えば、誰でもチャレンジできるので、本格的にビジネスを始める前の地ならしの場として最良です。

ドメインは１０００円ほどから買えるものがありますし、サーバーも数千円程度で借りられます。つまり、５０００円の初期投資のみで始められるのです。

高校生で月商400万円をあげた秘訣

すでに触れたとおり、私自身も最初はアフィリエイトからスタートさせています。

パチンコで手に入れた資金でパソコンを購入すると、大好きだったオンラインゲームの『龍が如く』の攻略サイトを最初に作ったのです。

このサイトに広告をたくさん掲載し、閲覧者にここから商品やサービスを買ってもらい、成功報酬を得ていました。

攻略サイトを作るといっても、私自身が攻略法を編み出して、それをサイト上に掲載していくわけではありません。当時は無料掲示板が流行っており、そこに掲載された攻略法を集めて編集し、自分が運営する攻略サイトに載せていただけです。

私のサイトには、基本的にゲーム好きの人たちが集まってきていたので、ゲームに関する広告をメインに入れていました。

コツコツと続けていくうちに、アフィリエイトの仕組みがよくわかるようになり、次のステップとしてアドアフィリエイトという別のタイプのアフィリエイト・サイトも運営するようになっていきます。気が付くと、私は高校生でありながら、月に40万円も稼ぐようになっていたのです。

こうして資金を貯めていき、高校卒業後に自分の会社を立ち上げました。起業してからもアフィリエイト事業は伸び続け、いいときには月3000万円ほど稼げるようになっていました。**これらはすべて、パソコン代12万円、ドメイン代1000円、レンタルサーバー代3000円という初期投資から始まりました。**

失敗しても、その経験は絶対に無駄にはならない

初期投資として大金が必要な場合、どんなにいいビジネスのアイデアがあったとしても、すぐにそれにのめり込むのは得策ではありません。仮に借金をして初期投資を確保できたとしても、うまくいかなかったときには大変な思いをすることになります。場合によっては、精神的に再起できなくなってしまう可能性もあるでしょう。

そこまでの大勝負に出る前に、パソコンと5000円足らずの初期投資で始められるアフィリエイトに挑戦し、地道に自己資金を貯めていったほうが確実です。

アフィリエイトであれば、仮に失敗しても大きな痛手は負いません。また、失敗したとしても、その経験は自分の財産になります。

アフィリエイトで得られるもうひとつのメリットとは

そもそもアフィリエイトには、お金を稼げるというメリットのほかに、**ネット広告**

について学べるというもうひとつのメリットが付いてきます。

アフィリエイトに詳しくなっておけば、将来起業したときに、商品やサービスなどの宣伝広告を自社でできたり、代理店に任せるにしてもより効果的なやり方ができるはずです。

今の時代、何らかのサービスや商品を売ろうと思ったら、ネット広告の力は圧倒的な武器となり得ます。したがって、仮にアフィリエイトで失敗したとしても、それまでに費やした時間は決して無駄にはなりません。アフィリエイトを通じて得られた知識はいつか必ず役に立ちます。

皆さんがビジネスをスタートさせたとき、おそらく広告代理店に宣伝広告をお願いするケースが出てくるでしょう。このときに広告について何も知らないと、広告代理店に大半をお任せすることになってしまいます。

広告代理店に任せてみて、十分な結果が出ているのであれば、まずは合格です。しかし、必ずしも成果が出るとは限りません。そうなると、広告代理店から広告料を自動的に〝搾取〟され続け、宣伝コストは膨らむばかりです。

一方、広告の仕組みがわかっていれば、広告代理店と対等に話すことが可能になり、より効果的な方法を要求できます。

私の場合、最初にアフィリエイトで成功したおかげで、「すっきりフルーツ青汁」を売り出すときには宣伝広告を外注に出さずに、自社ですべてを賄いました。これができたのは、高校時代から熱心に続けてきたアフィリエイトの知識が蓄積されていたからでした。

それまでの私のビジネスは、自分のアフィリエイト・サイトを通じて他社の商品やサービスを売ることでした。そして今度は、他社の商品を自社の青汁に置き換えて自分たちで売り出したというわけです。そのおかげで、売上代金だけでなく成功報酬も受け取れるというダブルインカムに恵まれ、かなり儲けることができました。

新商品を開発したばかりで資金力が低下していた時期に宣伝広告費を大幅に節約できたのですから、非常に心強かったのを覚えています。

失敗から学べば次は必ず成功できる

何事も一度試してみることが大切

アフィリエイト・サイトを作り始めたとき、私にとってのハードルは文章を書き上げることでした。その後、自社の商品を販売するためにランディングページ（LP。サイトを訪れてくれた人に最初に閲覧してもらうページ）を作る際にもPR文を書く必要があり、苦手なライティング力の向上を求められました。

サイトやランディングページのためのライティングについて言うと、人によって向き不向きがあるのは事実です。でもどんなに向いていない人でも、すぐにあきらめず、経験を積んでいくことで確実に上達していきます。

ゆくゆくは誰かにお願いするにしても、一度は自分で手を動かしてみることが大事です。まずはやってみないことには、何も始まりません。ある程度、自分でトライした上で、どうしても苦手だとわかった時点で誰かに任せればいいのです。

先述のネット広告の話と同じで、経験したことがまったくなければ、いざ誰かに任せたときに、良し悪しの判断をつけるのは難しいでしょう。一方、少しでも勉強した経験があれば、それに基づいて自分なりの判断を下していけます。

私自身について言うと、ランディングページを作るときにかなり勉強したのですが、どうやらライティングはあまり向いていなかったようです。そこで、あるときから人に任せるようにしました。ただし、一時期ではあってもライティングの勉強に時間を費やしたことは無駄ではなかったと思います。

何事もそうですが、自分が実際に挑戦してみたことに関しては、自然と話が理解できるようになっていくものです。「おおよそこういうものなのだ」と予測がつくので、誰かに任せるとしてもポイントだけは押さえることができます。

たとえ精通するまでに至らなかったとしても、一度試してみたという経験がのちに活きてくるケースが多々あるのです。

実際にやってみると、儲けに直接つながらないこともあるでしょう。今の時点で稼げなくても、のちにリターンをもたらしてくれるかもしれないので、気にする必要はありません。**大切なのは、稼げるかどうかだけを基準にして物事を判断しないことです。**

過去の失敗からは多くのことが学べる

起業に対する私のスタンスは、一度挑戦して、仮に失敗しても、そこであきらめるのではなく、失敗した経験から何かを学び取って、次のものを探せばいいというものです。成功者と言われる人たちの話を聞くとよくわかりますが、彼らの多くが最初のチャレンジで成功をつかみ、現在の地位を築いたわけではありません。事実、成功者たちの話で必ず出てくるのは「過去の失敗」の話なのです。そして、それらの話はどれも示唆に富んでいます。

最初の挑戦で失敗しても、めげる必要はありません。むしろ、挑戦したからわかる

こと、失敗したからわかることが増えるので、プラス面のほうが多いくらいです。

大切なのは、一度の挑戦であきらめないこと。そこであきらめてしまったら、失敗したことで培った経験をすべて無駄にしてしまいます。これこそが「真の失敗」です。

最初の挑戦がうまくいかなかったら、失敗の原因を考えた上で、やり方を修正して再挑戦してください。

一度挑戦して失敗した場合、再チャレンジをするのは難しいとあきらめてしまう人もいるかもしれません。こうした結果を回避するには、スモールビジネスから始めることです。

スモールビジネスとは言葉のとおり、小さな商売を指します。もしも今、会社に勤めているのであれば、すぐに仕事を辞めようとせず、夜間や休日の時間を使って小規模でスタートさせてみるのです。

従業員を雇わず、自分1人だけが携わるスモールビジネスであれば、仮に失敗しても金銭的なダメージは最小限に食い止められます。その一方で、ビジネスに関する経験は積めるので、再チャレンジの際の成功率は高まるでしょう。最初の挑戦で完璧に成功する必要はないのです。小さな失敗経験はのちに必ず役に立ちます。小さな失敗を繰り返しながら、ビジネスの確度を高めていければ何の問題もありません。

仮想通貨で大失敗した私の例

私自身もこれまでに様々なスモールビジネスに挑戦してきました。当然ながら、すべてにおいて成功を収めているわけでなく、失敗もたくさんしています。試行錯誤を繰り返しながら、その都度ビジネスの方法を微調整し、やっとのことで今に至っているのです。

参考までに、実際に私が失敗したケースをご紹介してみましょう。

仮想通貨に対する認知度がまだ低かった2014年、私はリップルという仮想通貨の取引所を作っています。仮想通貨の取引所としてよく知られているコインチェックが運営を始める前のことですから、私はかなり早い時期から仮想通貨に関わっていたことになります。

ところが当時は仮想通貨に対する人々の関心が非常に低く、せっかく取引所を開いたものの、売り買いをする人が集まらず、1カ月ほどで閉鎖に追い込まれました。

その後、仮想通貨は世界中で注目され、今では活発に取引されています。あのまま続けていれば、おそらく会社は大成長を遂げたでしょう。しかし、スモールビジネスとして始めたため、大量の資金を投入せずにひとまず撤退を決めたのです。

この1カ月後、シフトチェンジした私は「すっきりフルーツ青汁」の販売を開始します。結果的にこちらに力を集中させて大成功を収めたので、仮想通貨の取引所を閉鎖したことは必ずしも大間違いとはなりませんでした。

私だけに限らず、過去の失敗がのちの成功へとつながっていくパターンはビジネスの世界では決して珍しいことではありません。失敗をすることは決して〝悪〟ばかりではないのです。

さあ、起業してみよう

「柔軟性のある目標設定」が一番強い

起業をしたいと考えたとき、漠然とした目標は設定しておいたほうがいいでしょう。

とはいえ、目標の中身については細部に至るまで決めておく必要はないと思います。用意周到な人の場合、具体的な内容はもちろんのこと、期限を区切って目標の達成度合いを設定するケースもあるようです。ここまで徹底するのは決して悪いことではありません。しかし、私はおすすめしません。

なぜおすすめしないかと言うと、私自身が長期的なビジョンを設定しない経営者だ

からです。これまで経営してきた会社では、資金不足に陥ることだけは避けたかったのでキャッシュフロー計算書だけは作成していました。しかし、事業計画はほとんど作ってきませんでした。

目標や長期ビジョンを細かく設定しない理由は、「未来のことなんて誰にもわからない」からです。時代の移り変わりは実に早く、それに伴い市場環境も急速に変わっていきます。その変化に乗り遅れず、ベストのタイミングで対応するには、自らの手足を縛りかねない〝枠組み〟のようなものを持たないほうが有利です。

目標や計画を厳密に設定してしまうと、どうしてもそれを守ろうとする意識が働くので、自由を奪ってしまうような気がします。

そうは言っても、大きな目標や「将来、こうなりたい」という夢を持つことは大切です。その場合、細かいことは決めずに、大まかな方向性だけを決めておくといいでしょう。例えば、「自分の会社を業界1位にする」といった漠然としたものにしておきます。

大事なのは、世の中に変化が起きたときに、すぐにそれに対応する柔軟性を残しておくことです。この姿勢を維持できれば、大まかな目標を掲げつつ、ベストなタイミングで最良の判断を下すことも可能になるでしょう。

起業するつもりがあるなら、今すぐに始めよう

起業するつもりがあるのなら、すぐにでも具体的な準備を始め、なるべく早いうちに実行すべきです。その際は、すでに述べたように小さな規模からのスタートを目指します。

起業というのは、何歳で実行に移そうが、必ず一度は暗礁に乗り上げるものです。そうであれば、バイタリティに溢れる若いうちにつまずいたほうが、リカバリーがしやすいですし、学びも多いでしょう。

「起業するのは、社会経験を経てから」と言って、起業を先送りにしている人もいるかもしれません。そうした考えに固執するよりも、プランがあるのなら実際に起業に向けて動いてしまったほうが得策です。

もちろん、社会経験を積むことは無駄ではありません。ただし、例えば社会人となり、会社員生活を数年経験してしまうと、一定期間とはいえ〝会社員〟の価値観に染

まることになります。起業において、それが吉と出る場合もあると思いますが、凶と出てしまうケースも多々あるのです。その点は覚悟しておくといいでしょう。

私の場合、会社員として働いた経験はないので、ビジネスに関しては比較的まっさらな価値観の中で自由な発想で起業できたと考えています。一般的な常識を知らずに恥をかく場面もありましたが、常識に縛られずに思い切った決断を随所で下せました。

仮に〝社会経験が必要〟だからと会社に入って会社員生活を送っていたら、大半の人たちと変わらない常識の中に埋もれてしまい、起業をしようとは思わなかったかもしれません。こうした事態が起こり得るので、起業したいと思ったら、年齢を気にせずにすぐに行動に移すべきです。

他との違いを際立たせ、競争優位性を高められれば、ビジネスで勝つ確率は間違いなく高まります。他と同じ考えを保ち、目立つことを避けて周りと同じ行動を続けていたら、いつまで経っても飛び抜けることはできません。

会社員や学生が起業する際に必要なこと

すでに会社員として働いていて、起業を考えている人は、今の仕事を続けながら、休日や帰宅後の時間を使って小さなビジネスから始めることをおすすめします。

起業は、若いうち、早いうちに始めるのがベストですが、現実問題として生活費を稼ぐ必要があったり、家庭を持っていたりするケースもあるでしょう。その場合は、無理をする必要はありません。会社に勤めながら生活の基盤を確保しつつ、一方で果敢にチャレンジしていってください。

ただし、会社勤めをしながらのチャレンジで忘れてはならない事柄がひとつあります。**それは、「実際に起業するまでの期限」をしっかりと設定することです。**

会社勤めをしながら起業を目指すとなると、切迫感を抱きづらくなるという欠点に見舞われます。日々の仕事をこなすことに満足し、毎月支払われる給料によって〝骨抜き〟にされてしまうのです。

20代のころから「起業したい」と言い続け、気が付けば40代後半になってしまったと嘆くのか、それとも信念を貫いて実際に起業にチャレンジしてみるのか、すべてはあなたの行動にかかっています。

「あのときに思い切ってやっておけばよかった……」

こんな言葉を吐かずに済むように、自分への戒めとして期限だけは決めておきましょう。

一方、大学生で起業をしてみたいと考えている人もいることでしょう。学生起業はかなり浸透しつつあるので、ぜひチャレンジしてみてください。会社員に比べれば時間的な融通も利きやすいので、起業しやすいという利点もあります。

先ほども述べましたが、起業する際に社会経験はいっさい求められません。大学在学中に起業して成功した人もビジネス界にはたくさんいます。固定観念に縛られることなく自由な発想で挑んでいけばいいのです。

何歳からでも遅くない！

では次に、30代から40代で、会社員生活を10年以上も続けてきた人が「起業をしたい！」と望んだ場合はどうでしょうか。

これに対する答えはやはり**「起業はいつでもできる」というものです。**

確かに、若いうち、早いうちに起業したほうが様々なメリットがあります。しかし、だからといってあきらめてしまうのは早計です。

30代、40代の会社員ならば、逆にそれまでの経験が「武器」になり得るという点を押さえておくといいでしょう。

先ほど社会経験を積むことは無駄ではないという話をしたとおり、10年から20年も会社員として働いていれば、人脈や実務スキルなどが確実に身に付いているはずです。これが若い人たちにはない貴重な武器となります。それをフルに活かして起業にチャレンジしてください。

社会経験がある人には、経験がある人ならではチャレンジの仕方があり、若者であれば、新鮮な価値観を大切にし、若さを前面に押し出してパワープレーをすればいい。それだけの話です。

確実に効果を上げるための「情報収集とリサーチ」

商品が先か、マーケティングが先か

商品やサービスを販売するビジネスを起業するのであれば、「何を売るか」よりも、「どうマーケティングするか」をまず考えるべきでしょう。

ところが、新たに参入する多くの人たちが、「何を売るか」を先行させてしまいます。元々、商品やサービスに愛着があって、それにどうしても依存してしまうのです。

「いい商品を作ったから、絶対に売れる」

その気持ちはわからないでもありませんが、こうした幻想にとらわれてしまうと、成功は遠くに離れていってしまいます。

やはり、マーケティングがすべてなのです。商品やサービスにはどうしても寿命がありま す。いくらいい商品やサービスだとしても、進化したいいものが次から次へと出てくるので、ひとつの商品やサービスに依存していると、淘汰されてしまう確率はどうしても高まります。**そうではなく、マーケティングを軸にして、売れる商品やサービスは何か、それをどう売るのかについて真剣に考えていくべきです。**

そもそも、オンラインでの商品やサービスの購入を可能にしているのに、ランディングページを作っていない会社もいまだにあります。もしくは、ネット上のマーケティングについて自ら学ぼうとせず、広告代理店に丸投げして「売れるようにしてください」と頼んでいたりするのです。これでは絶対に自社の商品やサービスを売ることはできません。

繰り返しになりますが、何かを販売するビジネスを始めようと思ったら、商品やサービスの内容よりもマーケティングを優先させることが成功の絶対条件となります。

通販ビジネスにコンサルタントが不要と言い切る理由

ビジネスの世界には、経営に関する改善点を探り出し、業績向上のためにアドバイスを行うコンサルタント（コンサル）が存在します。

コンサルを名乗る人たちは通販ビジネス業界にも進出し、これから通販ビジネスで起業しようと考えている人や企業を対象に、自らのノウハウを提供しているようです。

しかし、率直に言うと、私は通販ビジネス業界にコンサルは不要だと思っています。

その理由は、彼らのアドバイスやノウハウは経営にとってほとんど役に立たないからです。

以前、会社を立ち上げたころから一緒に働いていた同郷の仲間が、独立したいと言い出して、コンサル業を始めたことがありました。

「三崎がビジネスで成功できるんだったら、自分にもできる」

どうやら彼は、こんな発想を持っていたようです。

独立してコンサルになるということは、私たちが独自に培ってきたノウハウを切り売りするという意味ですから、あまりいい気持ちはしませんでした。しかし、昔からの仲間という事情もあり、目をつむりました。

独立後、「通販ビジネスを始めて3年で130億円の年商を実現したメディアハーツの元幹部」という触れ込みが力を発揮し、彼の元にはコンサルの依頼が殺到したそうです。どうやら彼はコンサルとして絶好のスタートを切れたようでした。

しかし、その状況は長続きしなかったのです。数年後、たまたま彼と再会したときに話を聞くと、コンサルの依頼はすっかり途絶え、〝開店休業中〟とのことでした。

これには、彼本人の力量以外に、しっかりとした理由があります。

事業会社を離れてしまうと、最新の経営に触れる機会が激減してしまうため、それまで抱えてきた自分のノウハウの鮮度が一気に落ちてしまうのです。結果として、彼のコンサル能力は急激な劣化を免れなかったのでしょう。

どの業界でも変化は急速に訪れます。数年前にうまくいった方法でもすぐに通用しなくなってしまうのです。それを見据え、独自のルートを駆使してノウハウをアップデートできれば、生き延びていける可能性は高まりますが、それを怠るとすぐに淘汰されてしまいます。残念ながら、彼は後者でした。

同じようなことは、通販ビジネス業界だけではなく、他の業界にも言えるのではないでしょうか。**最先端のノウハウを持っているのは、やはり事業会社なのです。**そうした確固たる考えを持っているため、私の場合、高い料金を払ってコンサルを頼むことはまずありません。

誰でも利用できて、確実に効果のある「お手軽コンサル」とは？

では、経営に関するノウハウをどうしても仕入れたい場合はどうすればいいのでしょうか。**私がずっと一押ししているのが、「ツイッター」の活用です。**

ツイッターのアカウントを調べてみると、様々な業界で優秀な実績を誇る事業会社のトップの人たちが情報を発信していることに気が付きます。ツイッターだからと言って侮ってかかるのは間違いで、彼らの中には実に有益な情報を提供している人たちがいるのです。

例えば、業界全体に関わる法改正があれば、それをいち早く取り上げてくれたり、経営に関する良質な記事が発表されると、それをリツイートしてくれたりします。

これらはすべて無料で手に入れられる情報なので、自分が従事するビジネスにダイレクトに関わる経営者の人たち、自分のコンサル的存在となり得る人たちのツイッターを厳選してフォローすることは非常に有益です。

経営者の中には、ツイッター以外のSNS、つまりYouTubeやインスタグラム、TikTokで情報発信をしている人たちもいます。

しかし、情報入手の目的でこれらのSNSに登録したり、フォローしたりすることは特にすすめていません。その理由は、これらのSNSがビジネスに関する情報発信に向いていないからです。

YouTubeやインスタグラム、TikTokの場合、コンテンツの中にエンタメ的な要素が入り込む傾向があります。ビジネスの情報を得る目的の場合、それがどうしても邪魔になってしまうのです。したがって、そうした要素を省きやすいツイッターが最善のSNSといえます。

競合他社に打ち勝つためのビジネス手法

「すっきりフルーツ青汁」が大ヒット商品になってから、私は新たな問題に直面するようになりました。

その問題とは、「類似商品の乱立」でした。従来の青汁を飲みやすい味にすること自体は技術的に難しいものではないので、「すっきりフルーツ青汁」を真似た青汁が次から次へと生まれていったのです。

せっかく自分で考えた商品をヒットさせることができたのに、似たような商品が増えたせいで売り上げの低下は免れず、私は頭を抱えていました。

ところがしばらく悩んでいるうちに、私は名案にたどり着きます。

「競合他社が真似てくるんだったら、いっそのこと、それらの会社をすべて買収し、自社製品としてしまえばいいじゃないか！」

我ながら、実にいいアイデアだと思いました。

青汁市場のパイの大きさが私の会社を含めて3社分あるなら、他の2社を買収してしまえば市場をほぼ占有することができます。

私が創業した会社にだけ執着し、1社で戦う必要はないのです。社名は違えども、それらすべての会社を保有し、各社を競わせて市場によりよい商品を提供していけば、結果的に青汁市場の拡大にもつながるでしょう。どれだけ激しいパイの奪い合いが起きても、すべて自分の会社ですから、大きなダメージはありません。

実際に買収を実行してみると、思ったとおりの展開になりました。

私は現在も青汁を販売する会社を何社か所有しています。表から見ると、ライバル同士で顧客獲得合戦を行っているように映るかもしれません。

しかし、そのうちの数社のオーナーは私なので、どの会社の青汁が売れても収益は1カ所に集まるようになっているのです。 こうしたビジネスの手法があることも覚えておくといいでしょう。

SNSを制する者だけが成功する

勝てるSNS戦略、勝てないSNS戦略

本書を読んでくださっている方の中には、起業と並行してSNSでの発信力や影響力を高めたいと考えている人もいると思うので、SNSについても述べていきます。

SNSをする場合、最初に目指すべきなのは、多くの人に認知してもらうことです。そのためには手段を選ぶべきではありません。

今では多くの経営者がYouTubeなどの動画を通じてメッセージを発していますが、多くの視聴者を獲得しているのは一部の人たちに限られています。

彼らの多くの動画がウケないのは、真面目な顔をしてきれいごとばかりを言っているからでしょう。**誰も面白いと思わない内容をいくら流しても、視聴者の数は絶対に増えません。そうではなく、知名度がまだ低い初期のころは、どんな手を使ってでもいいので、視聴者の目を引く奇抜な内容の動画を作るべきです。**

そうは言っても、ウソやデタラメを垂れ流せと言っているわけではありません。見てくれる人が「面白い！」「得した！」と思ってくれるような動画を提供できるように心がけるのです。理想とする自分のイメージを確立させていくのは、ある程度の「固定ファン」が自分のチャンネルに付いてきてからでも遅くはありません。

仮に〝客寄せ〟のために初期に見せていた〝キャラ〟が気に入らないのであれば、そのイメージはあとから別のものに上書きできるので、最初のうちはとにかく認知を広げることを意識しましょう。

いくら素晴らしい内容のメッセージを発していても、それを見てくれる人がいなければ、価値はゼロのままです。やはり、誰かに見てもらわないと意味がありません。

今さら説明する必要もないと思いますが、私は恥ずかしさも何もかも捨て去って、とにかく人目を引くために目立つことをやり続けました。仮に賛否が分かれるような炎上を狙う内容であっても、法律に触れない限りはやり切ったつもりです。そこまでして注目を集めていきました。

これだけ多くの人がＹｏｕＴｕｂｅのチャンネルを開設している状況では、ありきたりの内容を動画にしているだけでは絶対に登録者数、視聴者数を伸ばすことはできません。したがって、**最初のうちは多少なりともエンタメ要素、もしくは奇抜な要素を前面に出しながら、認知度を上げていくのが得策です。**

独りよがりは禁物

さらにＳＮＳについての話を続けていきます。

初期のころは、エンタメ要素、奇抜な要素を取り入れたほうがいいと言いましたが、気恥ずかしさや慎重さが勝ってしまい、大胆な動画をなかなか出せない人もいるでしょう。誰にとっても〝一線〟を越えるのは難しいものです。とはいえ、ＹｏｕＴｕ beで成功したいと思ったら、その一線を越えなくてはなりません。

現時点で活躍しているYouTuberたちの経歴を調べてみると、過去に何らかの形で炎上したり、叩かれたりした経験を持っていることがわかります。多くの人に存在を知ってもらう過程では、望むと望まざるとにかかわらず、ネガティブな反応を巻き起こしてしまうことがあるのです。

それを乗り越えていかないと、次のステップには進めません。仮に炎上したり、激しい批判にさらされたりしても、真摯な姿勢さえ失わなければ、それらは次第に過去のものとなり、忘れ去られていきます。心配しすぎる必要はないのです。

繰り返しますが、法を犯したり、人を傷つけるような内容の動画を作成するのは避けなくてはなりません。その点だけは押さえつつ、思い切った内容の動画を作っていけば、YouTubeで成功する確率は間違いなく高まります。

「どのレベルのYouTuberになりたいのか」について考えておくことも大切です。

幅広いテーマを扱いながら、多くの人に知られる存在になりたいのか、**それとも、自分が属する業界や特定の興味を持つ人たちの間だけで影響力を発揮できれば満足な**

のか。当面のゴールを絞ったほうがブレは少なくなるでしょう。

登録者数が1万~2万人であっても、特定のジャンルでは非常に強い影響力を持ったYouTuberたちもいます。たとえ登録者数は少なくとも、影響力の高さを考えれば、彼らは十分成功していると言っていいでしょう。

反対にダメなケースは、自分を格好よく見せるためなのか、きれいごと、絵空事、自慢話ばかりを垂れ流しているYouTuberです。

少し前のことですが、経営ノウハウ伝授のチャンネルを標ぼうしているにもかかわらず、世界平和や貧困撲滅などの壮大なテーマをくどくどと語っているYouTuberを見かけたことがあります。動画の内容自体にまったく具体性もないし、話の内容も面白くなく、見習ってはいけない典型のようなチャンネルでした。どれだけきれいごとを並べても、共感を与えられなければ単なる自己満足でしかなく、意味がないのです。

YouTubeを始めるなら、見てくれる人たちのことを常に考えて、楽しんでもらえるコンテンツを提供しなくてはなりません。自分の理想や考え方を一方的に押し付けるだけでは、誰も興味を示してくれないでしょう。SNS上で登録者数やフォロワーを増やそうと思ったら、独りよがりにならないように気を付けるべきです。

成功する人は「セルフプロデュース術」を知っている

ギャップがあると、人は驚く

ツイッターで「青汁劇場」を行っているとき、私は女装をして焼き鳥店でアルバイトをしていたことがあります。あれからすでに2年以上が経ちました。

あまりにも奇抜な行動だったので、今でも「当時を振り返ってみて、恥ずかしくなることはありますか?」と聞かれます。これに対する私の答えは常に変わりません。

「恥ずかしいとは思いません。やってよかったです」

私はいつもこう答えています。

女装をすることで多くの人の関心を集め、認知を広げていけたのですから、結果的に大成功でした。

しかも、あれくらい突拍子もないことをやっておけば、次に奇妙なことをしても、さほど白眼視されないというメリットもあります。

さらに言うと、〝変人扱い〟されている状況でたまにいいことを言ったりすると、相手に与えるインパクトはより大きくなるので、プラスの効果を期待できるのです。こうした視点も考慮しつつ、ギャップを感じてもらえるようなコンテンツを作るといいでしょう。

「ギャップ重視」という点では、私が演じていた「転落劇」は最高のコンテンツだったと思います。冷酷な話ですが、人は他人の不幸を眺めるのが大好きです。それまでのイメージである「金持ちの若手経営者」と「脱税容疑で捕まった経営者」の間には大きなギャップがありました。この落差に多くの人が引き寄せられたのです。

今後どこかのタイミングで、私は再び失敗をするかもしれません。ただし、一度底辺に落ちた人間に対しては、世間は意外と優しいのではないかという気もします。もしそうであれば、次に失敗したときには「ざまぁ！」という声を聞かなくて済みそうです。

前回、国税局から告発を受けたとき、私には発信力もなく、一方的に悪者にされてしまったという印象があります。ほとんどの人が一般のメディアで報じられていることを鵜呑《うの》みにし、脱税に手を染めた悪人として私を見ていたのです。

決して望んでいるわけではありませんが、再びバッシングの矢面に立たされるような事態が起きてしまったとしても、私はもう以前のように針の筵《むしろ》に座らされ、一方的に非難にさらされるようなことにはならないでしょう。

今はかつてと違い、自分の手で築いてきたソーシャルメディア上での発信源があります。明らかに悪いことをしたときは正直に謝罪をするのが当然だと思いますが、そうでないときは自分のメディアを通じて存分に反論することができるでしょう。これに関しては、以前と比べてかなり強くなれたと思います。

人脈に頼るのではなく、あくまでも自分の力に頼るべき

ビジネスの世界では、やたらと人脈作りに精を出している人がいます。

「○○さんに頼んだから間違いない」

「△△さんと一緒に進める案件だから成功する」

こう言いながら、人脈を頼りにビジネスに携わろうとするのは、お門違いです。そもそも「誰かに頼んだから成功する」なんてあり得ないし、頼んだ相手が他人のためにどれだけ真剣になって尽力してくれるのかもわかりません。不確定要素が多すぎるため、人脈の力は当てにならないのです。

私の場合、自分を必ず主体的な立場に置き、人手が足りなくなったときにだけ手伝ってくれる人を探すというスタイルを取っています。

誰にも頼らずに自分でビジネスを行う場合、仮にうまくいかなくてもすべては自分の責任です。仮にミスが生じても、責任のなすり合いのような事態に陥る心配もありません。

このように、ビジネスをする際には自分ありきで考えたいのです。

仮に誰かと組んでビジネスをするのであれば、頼るよりも頼られる側になりましょう。ある程度の成功を手にすると、向こうのほうからこちらに近づいてきてくれるようになります。

その際に気をつけなくてはいけないのは、自分を利用しようとしている人とは付き合わないということです。その点に注意して、自分にとってプラスになるような人を自発的に選び、手を差し伸べます。

現在、起業を考えている人が自分の目の前にいるとしたら、「ひとまず人脈のことは忘れましょう」と伝えたいです。**人脈よりも自分の力を信じてください。自分の能力を伸ばしていくことのほうが人脈に頼るよりも大切なのです。**

調子に乗らない、おごらない

起業後、幸いなことにビジネスが軌道に乗り始めたとします。このときに最もしてはいけないことがひとつあります。それは「気を抜くこと」です。にもかかわらず、それまでの努力を自分自身で労いたいと思うのか、多くの人が気持ちに隙を見せてしまいます。

気を抜くこと以上にやってはいけないのが、調子に乗ったり、天狗《てんぐ》になってしまうことです。儲けが出てきたからといって、急に飲み歩くようになったり、自分にはビジネスの才能があると自惚《うぬぼ》れてしまったりするようでは、その先のいい結果は望めません。

「努力しなくても、オレは稼げる」と少しでも思ったその瞬間、その人物は間違いなく落とし穴にはまります。社会はそんなに甘くないですし、成功を重ねるには常に努力を続ける必要があるのです。

もうひとつ付け加えると、目立たないようにするということ。どういうわけか、成功した途端、周囲から足を引っ張ろうとする人がどこからともなく現れます。そうした人たちを寄せ付けないために、ビジネスが成功したあとは、目立つようなことをしないほうがいいでしょう。ＳＮＳもせず、派手な格好もせず、控えめな生活を心がけたほうが絶対に安全です。

そうは言っても、中には「目立ちたい」「周囲から注目を集めたい」と思う人もいるかもしれません。その場合は、中途半端なレベルではなく、周囲の人たちが付いてこられないくらい目立つようにしてください。その域にまで達すれば、誰もちょっかいを出そうとしないはずです。

成功の秘訣を挙げていったら、それこそ本当にキリがないと思います。**あえてここで強調するものをひとつ選ぶならば、「おごらない」ということでしょうか。**この気持ちはとても大事です。

楽に稼げるとは思わずに、手を抜かず、おごらず仕事に取り組めば、どんな人でも成果を手にできます。「成功する方法」というと何かと難しく考えがちですが、実は単にそれを繰り返すだけなのです。

新しい時代を生き残るためのサバイバルスキル

「目先の利益を追うな。最後に勝つことが大事」

私はこれまで、目先のお金を追いかけすぎるあまり失敗してしまう人たちを何度も見てきました。成功したいのであれば、まずは目先のお金を追わないように心がけることです。

「仕事」という枠組みの中では、相手に対して何かをした見返りとして、「対価を得るのが当たり前」という感覚が生まれてくるのは十分に理解できます。

しかし、ここで必要以上に焦ってしまうと、結果的に〝大魚を逸する〟ことになりかねません。

実際、取引先の中には、対価を請求すべきかどうかの判断がつきにくいような仕事を頼んでくるところもあるでしょう。しかし、そうした些細な仕事に対して、いちいち細かい請求をしていると、相手からは「ずいぶんせせこましいな」という印象を持たれ、あまりよく思われません。ここはじっと我慢をして、小さな仕事であればあえて無償で労力を提供し、恩を売るくらいの気持ちで堂々と構えていてください。

普段から関係を密にしておけば、いつか大きな仕事を依頼されるチャンスは必ず訪れます。そのタイミングがやってきたときに、シビアな金銭交渉をするのが正しいやり方です。

それまでに何度も融通を利かせていれば、大胆な要求であっても相手は簡単には断れないでしょう。こうした節目の際に「いつも無理なお願いを聞いてあげているじゃないですか」という態度を正々堂々と見せればいいのです。

お金に対する嗅覚がないと、こうした戦略はなかなか取れません。事実、目先の小さなお金にばかり気を取られてしまう人が多いのです。

私がこの手のタイプの人と仕事をするときには、細かい仕事に関しても、その都度、ポンポンとお金を支払うようにしています。その代わり、大きな仕事を頼む際には「いつもお支払いしていますよね」という強気の態度でシビアな交渉をするのです。

ビジネスといえども、所詮は人の行いに過ぎません。

「いつも、よくやってくれているよな」

こう思ってもらえれば、自分にとって有利な条件を引き出しやすくなるでしょう。ビジネスで成功するコツのひとつは、普段から相手のことを考えて働き、いざというときに相手に「イエス」と言ってもらえる環境を整えることなのです。

これからのビジネスの狙い目とは

私が今、注目しているビジネススタイルにP2C（Person to Consumer）があります。直販という意味では、これまではD2Cがもてはやされていましたが、**おそらくこれからはP2Cの時代がやってくるでしょう。**

D2CとP2Cとの大きな違いは、売り手が企業なのか、個人なのかという点です。

企業が売り手のD2Cに対し、P2Cの売り手は個人となります。

これまでは、YouTubeやインスタグラムなどで活躍するインフルエンサーに企業が案件を依頼し、商品やサービスを売るというD2Cのスタイルが主流でした。**しかしこれからは、インフルエンサー自身が自分の商品やサービスを直接売るのが主流になっていくはずです。**実際、すでにその流れは定着しつつあり、朝倉未来さんやヒカルさんといったインフルエンサーが自分のアパレルを立ち上げて、オリジナル商品を売り始めています。

これまでの物販ビジネスでは、何かを売ろうと思うと、企業は膨大な広告費を覚悟しなくてはなりませんでした。ところがP2Cの場合、広告費がかからないので高い利益率を得られます。

広告費を一切かけずに、自分たちの発信力や影響力だけに頼ってビジネスができるのですから、これは実に画期的なことだと言っていいでしょう。これにより、起業のハードルはかなり下がりました。

ただし、いくらハードルが下がったと言っても、P2Cを実際に行っているインフルエンサーたちには、まだまだビジネスについて死角が多いようです。

例えば、独自ブランドを立ち上げて商品を売るには、ビジネスモデルを構築し、組織を作る必要があります。この点を疎《おろそ》かにすると、長期的に成果を上げるのは難しいでしょう。

現時点では、インフルエンサーと、実務作業ができる組織がタッグを組んでビジネスを展開していくのが理想だと思います。

従来のメディアの世界では、スポンサーである企業の力が強く、そこの広告に出ているタレントなどはスポンサーの顔色を窺っているという構図がありました。

ところがこれからはこの構図にとらわれる必要がなくなります。インフルエンサー自身が広告塔となり、商品やサービスを売ることが可能になるので、極端な話をすればスポンサーがいらなくなるのです。

このビジネススタイルは、今後、革命的な力を発揮し、世界中を席巻していくでしょう。実際に海外では、著名人が自分のブランド商品を売り、莫大な富を築き始めています。それほどのインパクトを秘めているのです。

これまでは、大半の人たちが「人気者になりたい」「自分のステイタスを上げたい」という動機からSNSによる発信力を高めることに力を入れてきました。

しかし、これからは「発信力」の意味合いや価値が180度変わります。

今後「発信力」は大きな資産になるでしょう。高い発信力があれば、誰でも起業できるようになるのです。

SNSの双方向性により、インフルエンサーと直接やり取りできるようになった今、ファンに対する広告効果は格段に高まっています。そういう要素も含め、インフルエンサーによるP2Cには明るい展望しか見えてきません。新たな可能性が万人に開かれる時代がやってきたのです。

あなたもぜひ、インフルエンサーの1人となり、自分に合ったビジネスを始めてみてください。

このチャンスを多くの人が活かせるように願っています。

おわりに

挑戦している姿を見せていきたい

世間では、私のことを「成功した人」として見ている人もいるようです。しかし、自分の感覚としては「成功した」とはまったく思っていません。

「成功＝お金持ち」という等式で見るのであれば、もしかしたら私は成功したのかもしれません。

しかし、「お金持ちになること」と「成功」はまったくの別物です。仮に今の段階で「成功した」という感覚に浸っているようなら、私はこれ以上、成長することはないでしょう。

お金持ちになることを目指していた時期は確かにありました。しかし、それを実現した今になっても、「成功した」という気持ちは少しもないのです。

近い将来、「成功した」と実感するときがあるとすれば、それは、現在をはるかにしのぐような発信力を身に付けられたときなのかもしれません。

これからも私は、自分の発信力を高めていくために、あらゆることに挑戦していくつもりです。

これまでの人生の中で、いまだに忘れることができないのは、脱税容疑で逮捕されたあとの、ＳＮＳ上に吐き出された私に対する誹謗中傷でした。

「脱税者死ね」

「犯罪者死ね」

「おまえなんか生きている資格がない」

こうした言葉を浴びせられ、あのころは本当に生きた心地がしなかったものです。

しかし、これらの言葉に負けることなく、コツコツと情報発信を続けているうちに、私を応援してくれる人たちが出てきました。どん底から救ってくれた彼らには感謝しかありません。

今、自分が生きていられるのは、私のツイッターやインスタグラム、ＹｏｕＴｕｂｅを見て、応援してくれた人たちのおかげだと言ってもいいくらいです。

あれだけバッシングを受けていた私ですが、YouTubeのチャンネル登録者数はすでに45万人を超え、ツイッターのフォロワー数は134万人、インスタグラムのフォロワー数は55万人を記録するまでになりました。

ここまでの再起を果たせた自分がこれからすべきことは、「お金持ちの姿」を見せるのではなく、「あきらめずに挑戦を続ける姿」を見せることだと考えています。

この方向に進み、十分やり切ったと感じたときに、初めて「成功した」と実感できるのかもしれません。

その域に達するまでは、さらに発信力を高めていき、これまで応援してくれた人に感謝の気持ちを伝えながら、多くの人たちに少しでもプラスのメッセージを届けられるように努力していくつもりです。

こうした心境に到達できたのも、すべては脱税容疑で起訴されたからです。

裁判の結果についてはまったく納得していませんが、あの騒動がもたらしてくれた実りはあまりにも大きく、うまくチャンスに変換できたという実感があります。

なかでも発信力を高めるためにYouTubeに力を入れるきっかけができたこと

に関しては、とても幸運でした。これにより、エイベックスの松浦勝人会長やトップＹｏｕＴｕｂｅｒのヒカルさんのようなインフルエンサーの方々と知り合う機会にも恵まれました。

これからも私は幅広い分野でのチャレンジを続けていきます。それらはＹｏｕＴｕｂｅ、新たなビジネス、旅についてかもしれませんし、それらとはまったく異なる誰もが考えついたことのないような奇想天外のテーマかもしれません。

そんな私の姿を今後とも見届けていただけたら幸いです。

私は数年前に一冊の本で人生が変わりました。次は私が誰かの人生を変える番です。

そんな一冊になるように魂を込めて書き上げました。

きっと道は開けます。

あなたの成功を心より願っています。

三崎優太

三崎優太（みさき　ゆうた）
1989年生まれ。北海道出身。実業家、起業家。高校を二度退学後、パソコン1台で起業し、18歳で株式会社メディアハーツ（現・ファビウス株式会社）を設立。2017年に「すっきりフルーツ青汁」が累計1億3000万個の大ヒット商品となり、年商130億円を達成。「青汁王子」の異名で注目を浴びる。２０１９年に開始した「青汁劇場」はフォロワー１３０万人を集め、大きな話題を呼んだ。SNSのフォロワー数は、YouTube登録者数45万人、インスタグラムのフォロワー55万人、ツイッターのフォロワー130万人で累計230万人に支持されている。現在は投資家として10社以上に出資を行い、年間総額300億円の売上を誇る。著書に『過去は変えられる』（扶桑社）がある。

編集協力／野口孝行
ブックデザイン／井上新八
本文デザイン／トモエキコウ　荒井雅美
フォトグラファー／高橋優也
DTP／荒木香樹
編集／尾小山友香

時《とき》を稼《かせ》ぐ男《おとこ》

新時代《しんじだい》の時間《じかん》とお金《かね》の法則《ほうそく》

2021年12月2日　初版発行
2024年3月5日　5版発行

著者／三崎《みさき》 優太《ゆうた》

発行者／山下 直久

発行／株式会社KADOKAWA
〒102-8177　東京都千代田区富士見2-13-3
電話　0570-002-301（ナビダイヤル）

印刷所／大日本印刷株式会社

●お問い合わせ
https://www.kadokawa.co.jp/（「お問い合わせ」へお進みください）
※内容によっては、お答えできない場合があります。
※サポートは日本国内のみとさせていただきます。
※Japanese text only

定価はカバーに表示してあります。

ISBN 978-4-04-605409-8　C0030